한 권으로 끝내는

新 일본어 능력시험 필수단어

국립중앙도서관 출판시도서목록(CIP)

(한 권으로 끝내는) 新일본어 능력시험 필수단어 N4 N5
— 서울 : 창, 2011   p. ;   cm

감수 : 이치우, 오오또모후미꼬
색인수록
권말부록: 일본어 문자와 음절 등

ISBN 978-89-7453-193-5 13730 : ₩10000
일본어 능력시험[日本語 能力試驗]
일본어 어휘[日本語 語彙]

734-KDC5
495.68-DDC21   CIP2011001241

한 권으로 끝내는
新일본어 능력시험(JLPT)
필수단어 N4 N5

2011년 04월 10일 초판 1쇄 인쇄
2021년 01월 15일 초판 7쇄 발행

감수자 | 이치우 · 오오또모후미꼬
펴낸이 | 이규인
편집인 | 홍보현
펴낸곳 | 도서출판 **창**
등록번호 | 제15-454호
등록일자 | 2004년 3월 25일

주소 | 서울특별시 마포구 대흥로4길 49, 1층(용강동, 월명빌딩)
전화 | (02) 322-2686, 2687 / **팩시밀리** | (02) 326-3218
홈페이지 | http://www.changbook.co.kr
e-mail | changbook1@hanmail.net

ISBN 978-89-7453-193-5   13730

정가 10,000원

*잘못 만들어진 책은 〈도서출판 **창**〉에서 바꾸어 드립니다.

*이 책의 저작권은 〈도서출판 창〉에 있습니다.
 저작권법에 의해 보호를 받는 저작물이므로 무단 전재와 복제를 금합니다.

한 권으로 끝내는 JLPT

新 일본어
능력시험
필수단어

N4 N5

창
Chang Books

∗머리말∗

F . o . r . e . w . o . r . d

요즘 일본어 학습자들이 늘어나면서 일본어능력시험에도 관심이 더해지고 있습니다. 최근에는 일본내의 관광가이드도 자격증 소지자로 제한하고 있으므로 통역 가이드 자격증이 각광을 받게 되자 점차 수험생들이 증가하고 있는 추세입니다.

일본어 시험에는 크게 분류하면 매월 시험이 실시되는 JPT (Japanese Proficiency Test)와 1년에 2번 실시되는 JLPT(Japanese Language Proficiency Test) 두 가지가 있습니다. 그 중에서 JLPT는 일본어 시험의 가장 핵심이 되는 시험입니다. 그 외에 일본으로 유학을 가기 위해 치러지는 EJU 등도 있습니다.

특히 일본어 능력시험은 1984년 처음 시행될 당시에는 15개 국가에서 7천 명 정도가 응시했으나 이후 점점 증가해 2008년에는 52개국가 약 56만 명이 응시하였습니다. 이처럼 수험자가 계속 증가함에 따라 연 1회 실시가 아닌 연간 복수 실시의 요망에 따라 일본 국제 교육지원협회와 국제교류 기금은 2010년부터 연 2회 실시를 결정했을뿐만 아니라 일본어능력시험도 새롭게 바꾸었습니다.

시험의 새로운 특징은 문자 · 어휘 · 문법에 대한 지식뿐만이 아니라 언어지식을 이용해 과제수행을 위한 커뮤니케이션 능력을 측정하는 데 중점을 두었습니다. 따라서 학습자들은 단편적인 언어지식 습득이 아닌 의사 소통을 할 수 있는 회화능력까지 학습해야만 합니다.

또한 난이도를 4단계에서 5단계로 분류하여 2010년부터 개정되는 新일본어 능력시험은 기존 1급, 2급, 3급, 4급의 4단계가 명칭이 바뀌어 N1, N2, N3, N4, N5의 5단계로 세분화하여 보다 정밀하게 수험자의 능력을 측정할 수 있게 하였습니다. 新일본어 능력시험 각단계의 난이도는 다음과 같습니다.

> N1 – 기존 시험의 1급보다 높은 수준의 일본어 능력을 측정, 합격 기준은 기존 시험과 거의 같다

F·o·r·e·w·o·r·d

> N2 – 기존 시험의 2급에 해당하는 난이도
> N3 – 기존 시험의 2급과 3급 사이 수준의 난이도 (신설)
> N4 – 기존 시험의 3급에 해당하는 난이도
> N5 – 기존 시험의 4급에 해당하는 난이도

모든 시험의 대부분은 단어입니다. 일본어 단어의 중요성을 품사별로 나타내면 명사, 동사, 형용사, 어휘 및 문형입니다. 단어를 알아야 독해와 청해가 됩니다. 따라서 합격의 지름길은 누가 더 많이 체계적으로 학습하느냐에 따라 결정됩니다.

이 '한 권으로 끝내는 新JLPT N5·N4 일본어 능력시험 필수단어'의 특징을 보면 현재 시험 출제기준에 맞춰 N4와 N5로 나누어 합격에 필요한 핵심 단어만을 선별하였습니다. 그리고 JPT시험에 나오는 단어도 함께 다루어 두 가지 시험을 목표로 하는 학습자들에게 일본어 학습의 기본서입니다. 그 중에서도 중요한 것이 한자입니다. 한자를 알면 의미까지도 파악되어 공부하는 데 훨씬 도움이 됩니다. 모든 문자·어휘는 오십음도순으로, 중요한 단어는 ■로 표시, 문법은 접속 형태별로 정리하였으며, 예문은 최근 유행하는 실용 문장만을 엄선였습니다. 그리고 정확한 발음은 본사 홈페이지에서 MP3파일을 다운받아 들으면 보다 효과적으로 학습할 수 있습니다.

마지막으로 어학은 꾸준한 노력이 가장 중요합니다. 일본어가 우리말과 어순이 같고, 한자 문화권이라고 쉽게 생각하는 분들이 많습니다. 하지만 아무 요령 없이 학습하면 시간만 낭비할 뿐 만족스런 결과를 얻지 못할 것입니다. 그래서 본서는 그런 분들을 위해 부록편에 중요한 기초 일본어 자료를 실어 본서의 필수단어와 함께 학습하면 JLPT뿐 아니라 JPT에서도 좋은 점수를 기대할 수 있는 2배의 효과를 얻을 수 있을 것입니다.

✽ 차 례 ✽

C · o · n · t · e · n · t · s

Part I N5

1. 명사 ······ 8
2. 동사 ······ 66
3. な형용사 ······ 78
4. い형용사 ······ 83
5. 부사 ······ 90
6. 외래어 ······ 93
7. 기타 ······ 101
8. 문법 ······ 104
9. 한자 ······ 113

Part II N4

1. 명사 ······ 126
2. 동사 ······ 181
3. な형용사 ······ 208
4. い형용사 ······ 212
5. 부사 ······ 217
6. 외래어 ······ 224
7. 기타 ······ 228
8. 문법 ······ 233
9. 한자 ······ 246

Part III 부록

- 일본어 문자와 음절 ······ 268
- 수사 읽는 방법 ······ 274
- 필수 관용구 ······ 276
- 필수 속담 ······ 282
- 찾아 보기 ······ 288

Part 1
N5

1. 명사
2. 동사
3. な형용사
4. い형용사
5. 부사
6. 외래어
7. 기타
8. 문법
9. 한자

∗ 813단어 ∗

명사 · New JLPT Level 5 일본어능력시험

1
■ **あさ** 朝 — 아침

- 毎朝 아침마다
- 朝が早い 아침 일찍 일어나다

2
■ **あさごはん** 朝ご飯 — 아침밥(=朝食)

- 今日の朝ご飯は、少しもの足りなかった 아침이 나에겐 좀 부족했다
- 朝ご飯を抜きました 아침을 거르었습니다

3
■ **あさって** — 모레

- あさっての朝会いましょう 모레 아침에 만납시다
- あさっての遠足が楽しみだ 모레의 소풍이 기다려진다

4
□ **あさひ** 朝日 — 아침 해, 아침의 태양

- 朝日を浴びる 아침 햇살을 쬐다
- 朝日がさす 아침해가 비치다

5
□ **あし** 足 — 다리, 발

- 靴が足に合う 구두가 발에 맞다
- 足がまっすぐ上がる 다리가 곧게 올라가다

6
□ **あじ** 味 — 맛

- 淡い味を楽しむ 담박한 맛을 즐기다
- 味を生かす 맛을 내다

7. あした 明日
내일
- 明日帰ります 내일 돌아옵니다
- 明日は雨だろう 내일은 비가 올 것이다

8. あそこ
저기, 저쪽
- その本はあそこにある 그 책은 저기 있다
- ほら、あそこだ 이봐, 저쪽이야

9. あたま 頭
머리, 지능, 머리카락
- 頭に当る 머리에 맞다
- 頭をなでる 머리를 쓰다듬다

10. あちら
저쪽, 저기, 저분
- あちらに見える家 저기 보이는 집
- あちらから来るバス 저쪽에서 오는 버스

11. あなた
당신, 상대방을 높임, 여보
- あなたのお名前は 당신의 이름은?
- あなた、電話ですよ 여보, 전화예요

12. あに 兄
형, 오빠
- 兄が弟より劣る 형이 동생만 못하다
- 兄に盾突く 형에게 대들다

13. あね 姉
누나, 언니
- 姉の日記を盗み読みする
  누나의 일기를 몰래 읽다
- 姉は奥にいます
  누나는 안방에 있습니다

14
■ **あめ** 雨 비, 우천

❖ 今日は雨だ 오늘은 우천이다
❖ 午後から雨になった
오후부터 비가 내리기 시작했다

15
■ **いえ** 家 집, 집안

❖ 住む家 살 집, 사는 집
❖ 家を建てる 집을 짓다

16
■ **いくつ** 몇 살, 몇 개

❖ いくつありますか 몇 개 있습니까?
❖ 今年いくつになりますか
올해 몇 살이 됩니까?

17
■ **いけ** 池 연못

❖ 池のこい 연못의 잉어
❖ 池を掘る 못을 파다

18
■ **いしゃ** 医者 의사

❖ 医者が彼の本職だ 의사가 그의 본업이다
❖ 医者に見離される 의사가 손을 떼다

19
■ **いす** 椅子 의자

❖ 椅子を持ち出す 의자를 내가다
❖ 椅子が三つ置いてある
의자가 세 개 놓여 있다

20
■ **いちにち** 一日 하루, 1일

❖ 一日8時間労働 하루 8시간 노동
❖ 一日だけ延ばしてください
하루만 더 기다려 주시오

21
■ **いちばん** 一番　　제일, 최고, 으뜸, 첫째

　　❖ 一番列車 첫 열차
　　❖ まず一番に両親に報告した
　　　우선 맨 먼저 부모에게 보고했다

22
■ **いつ**　　　　　언제, 어느 때

　　❖ いつ出発しようか 언제 출발할까?
　　❖ いつ来たのだろう 언제 왔을까

23
□ **いつか**　五日　5일

　　❖ 五日に一回当番が回ってくる
　　　5일에 한번 당번이 돌아오다
　　❖ 一月五日 정월 초닷샛날

24
□ **いっしょ**　一緒　함께 함, 동시, 한꺼번

　　❖ 一緒に歩こう 함께 걷자
　　❖ 荷物を一緒にする 짐을 같이 싸다

25
□ **いつつ**　五つ　다섯, 다섯 개, 다섯 살

　　❖ 五つ星のホテル 별이 5개인 호텔
　　❖ 今年五つになる 올해 다섯 살이 되다

26
■ **いみ**　意味　의미, 뜻, 가치

　　❖ 単語の意味を調べる
　　　단어의 뜻을 찾아[알아]보다
　　❖ 話を断った意味がわかった
　　　이야기를 거절한 의미를 알았다

27
■ **いもうと**　妹　여동생(↔弟)

　　❖ 妹がいると実に賑やかだ
　　　여동생이 있으면 참으로 떠들썩하다
　　❖ 妹[姉]と弟[妹]の仲がいい
　　　누이와 동생의 사이가 좋다

명사

JLPT N5 필수단어 | **11**

28
■ **いりぐち**　入口　　입구

❖ 入口に立ち塞がる 입구에 막아서다
❖ 村の入口で友達に会う
　동네 들머리에서 친구를 만나다

29
■ **いろ**　色　　색, 색깔, 빛깔

❖ 赤みがかった色 빨간색이 더 나는 빛깔
❖ 鮮やかな色 산뜻한 색

30
■ **うえ**　上　　위, 겉

❖ 三つ上の兄 세 살 위의 형
❖ 机の上に置く 책상 위에 놓다

31
■ **うしろ**　後ろ　　뒤, 뒤쪽, 뒷모습

❖ 後ろの列 뒷줄
❖ 後ろ姿が美しい 뒷모습이 아름답다

32
■ **うた**　歌　　노래

❖ 歌は全然だめだ 노래는 전혀 못한다
❖ 得意な歌は何ですか
　잘 하는 노래는 무엇입니까?

33
■ **うみ**　海　　바다

❖ 静かな海 고요의 바다
❖ 海が荒れる 바다가 거칠어지다

34
□ **うり**　売り　　(물건을) 팖

❖ ガム売り 껌팔이
❖ 売上高で水をあけられる
　매상고에서 뒤지다

35
■ **うわぎ** 上着 상의(↔下着), 윗도리, 겉옷

❖ 上着を重ね着する 겉옷을 겹쳐서 입다
❖ 背広の上着 양복 저고리

36
■ **うんてんしゅ** 運転手 운전수

❖ 運転手に心付けを渡す
운전수에게 팁을 주다
❖ お抱え運伝手 고용하고 있는 운전사

37
■ **えいが** 映画 영화

❖ 映画祭 영화제
❖ 映画を見に行く 영화를 보러 가다

38
■ **えいがかん** 映画館 영화관

❖ 邦画専門の映画館
일본 영화 전문의 영화관
❖ 平日なので映画館も空いていた
평일이라서 영화관도 비어 있었다

39
■ **えいご** 英語 영어

❖ 英語ができる 영어를 할 줄 알다
❖ 英語を話す 영어로 말하다

40
□ **えいこく** 英国 영국

❖ 英国は米国と同文を使う
영국은 미국과 같은 문자를 쓴다
❖ 米国ないし英国 미국 또는 영국

41
□ **えんだか** 円高 엔고

❖ 円高差益 엔고에 의한 차익
❖ 3円高 3엔 오름

42
えんぴつ 鉛筆　　연필　　*色鉛筆(いろえんぴつ) 색연필

❖ 鉛筆を削る 연필을 깎다
❖ 鉛筆一本 연필 한 자루

43
おうしゅう 欧州　　구주, 유럽주

❖ 欧州大戦 구주 대전
❖ 欧州を歴遊する 유럽을 역유[순유]하다

44
おおがた 大型　　대형

❖ 大型バス 대형 버스
❖ 大型台風 대형 태풍

45
おおきさ 大きさ　　크기의 정도, 크기

❖ 1メートルぐらいの大きさの魚だ
　1m 정도 크기의 고기다
❖ あの人のスケールの大きさがわかる
　저 사람의 스케일의 크기를 가늠할 수 있다

46
おおぜい 大勢　　많은 사람

❖ 人が大勢集まった 사람이 많이 모였다
❖ 大勢の前で 여러 사람 앞에서

47
おかあさん お母さん　　어머니(님)

❖ お母さん、ただいま
　어머니, 다녀왔습니다
❖ 彼のお母さん、病気なんですって
　그의 어머님은 편찮으시대요

48
おかし お菓子　　과자

❖ お菓子に目がない 과자를 매우 좋아하다
❖ 和菓子 일본 과자

49
■ **おかね** お金 돈, 금전

- お金をもらう 돈을 받다
- お金がなくて行けない
  돈이 없어서 못 간다

50
■ **おく** 億 억, 엄청나게 많은수

- 三億円 3억 엔
- 億兆 억조

51
■ **おくさん** 奥さん (남의) 부인

- 奥さん、トマトが安いですよ
  아주머니, 토마토가 쌉니다

52
■ **おさけ** お酒 술

- お酒をお上がりください 술을 드십시오
- お酒が飲めないんですか
  술을 마시지 못하십니까?

53
□ **おじ** 伯父 삼촌

- 伯父が税金を代納してくれた
  백부가 세금을 대납해 주었다
- 伯父の家においてもらう
  백부 댁에 얹혀 살다

54
■ **おじいさん** お爺さん 할아버지·영감님

- 頑固なおじいさん 완고한 할아버지
- おじいさん、いつまでも長生きしてください 할아버지, 부디 오래오래 사세요

55
■ **おしいれ** 押し入れ 벽장, 반침

- 押し入れにしまう 벽장에 넣다
- 押し入れの中を片付ける
  반침 안을 정리하다

56
■ **おちゃ**　　お茶　　차, 차나무

❖ お茶を入れる 차를 끓여 내다
❖ お茶を教える 다도를 가르치다

57
□ **おてあらい**　お手洗い　　화장실(=化粧室)

❖ お手洗いはどこですか
　화장실은 어디입니까?
❖ 手洗いに立つ 용변 보러 가다

58
■ **おとうさん**　お父さん　　아버지(님)

❖ 君のお父さんの勤め先は?
　너의 아버님의 근무처는?
❖ お父さんは学者らしい
　그의 아버님은 학자인 것 같다

59
■ **おとうと**　　弟　　남동생(↔妹)

❖ 弟をいじめる 동생을 괴롭히다
❖ 弟の世話を焼く 동생을 돌보다

60
□ **おとこ**　　男　　남자, 사나이

❖ 50すぎの男 50세가 넘은 남자
❖ まめな男 성실한 사나이

61
■ **おとこのこ**　男の子　　남자아이, 사내아이

❖ 偏屈で頑固な男の子
　편벽하고 완고한 사내아이
❖ 男の子を生む 사내아이를 낳다

62
■ **おととい**　　그저께

❖ おととい読みました 그저께 읽었습니다
❖ おとといの夜(おとついの晩) 그저께 밤

63
■ おととし

재작년

* 息子はおととし大学を卒業しました
  아들은 재작년에 대학을 졸업했습니다
* おととし米国から帰った
  재작년에 미국에서 돌아왔다

64
■ おとな　大人

어른

* いよいよ大人になる 드디어 어른이 되다
* 体つきは大人のようだ 체격은 어른 같다

65
■ おなか　お腹

배

* お腹が痛い 배가 아프다
* お腹が空く 배가 고프다

66
■ おにいさん　お兄さん

형, 형님

* お兄さんはおいくつですか
  형님은 나이가 얼마예요?
* お兄さんによろしくお伝えください
  형님께 안부 전해 주십시오

67
■ おねえさん　お姉さん

언니, 누나, 누님

* 姉さん、おあいそ 아가씨, 계산해 주세요
* この服は姉さんのです
  이 옷은 언니것입니다

68
■ おば

숙모, 아주머니, 고모

* ヘレンおばさん 헬렌아주머니
* おばに挨拶しに行く
  고모에게 인사하러 가다

69
■ おばあさん

할머니

* おばあさんのところで彼と勝ち合った
  할머니 댁에서 그와 마주쳤다
* 昔々、おじいさんとおばあさんがあったとさ 옛날 옛적에 할아버지와 할머니가 살고 있었더란다

70
■ **おべんとう** お弁当　도시락

* お弁当を差し入れる 도시락을 차입하다
* 弁当の売り子 도시락 판매원

71
■ **おんがく**　音楽　음악

* ショパンの音楽 쇼팽의 음악
* 音楽を習う 음악을 배우다

72
□ **おんな**　女　여자

* 女の方が平均寿命が長い
  여자 쪽이 평균 수명이 길다
* 女物 여성용 물건

73
■ **おんなのこ** 女の子　여자아이, 계집아이

* 可愛い女の子 귀여운 여자아이
* 女の子を構う 계집애를 희롱하다

74
■ **がいこく**　外国　외국

* 外国使節 외국 사절
* 外国産 외국산

75
■ **がいこくじん** 外国人　외국인

* 外国人専用の酒場 외국인 전용의 술집
* 外国人と筆談する 외국인과 필담하다

76
■ **かいしゃ**　会社　회사

* 会社がつぶれる 회사가 망하다
* 会社の備品 회사의 비품

명사

77
■ **かいだん** 階段 계단

❖ らせん階段 나선 계단
❖ 急な階段 가파른 계단

78
■ **かいもの** 買い物 쇼핑, 물건사기

❖ 買い物かご 장바구니
❖ 買い物する 쇼핑하다

79
■ **かお** 顔 얼굴, 표정

❖ 顔を洗う 얼굴을 씻다 세수하다
❖ 顔を見合わせる 얼굴을 마주보다

80
■ **かぎ** 鍵 자물쇠, 열쇠

❖ 金庫の鍵 금고의 열쇠
❖ 鍵であける 열쇠로 열다

81
□ **がくえん** 学園 학원, 학교

❖ 学園紛争 학원 분쟁
❖ 私立の学園 사립 학교

82
■ **がくせい** 学生 학생

❖ 学生時代 학생 시절
❖ 学生服 학생복

83
■ **かげつ** ~ケ月 ~개월

❖ 妊娠3ケ月です 임신 3개월입니다
❖ 3ケ月間です 3개월간 입니다

JLPT N5 필수단어 | **19**

84
- **かさ** 傘 우산
  - 傘をたたむ 우산을 접다
  - 傘をさす 우산을 받다

85
- **かぜ** 風 바람, 풍습관습, 경향, 성향
  - 文明の風に当たろうとする 문명의 바람을 쐬려 하다
  - 湿ったものを風に当てる 눅눅한 것을 바람을 쐬다

86
- **かぞく** 家族 가족
  - 5人家族 5인 가족
  - 家族を養う 가족을 부양하다

87
- **かた・ほう** 方 ~분, 방향, 쪽, 분야
  - 方向 방향
  - この方 이 분

88
- **かたかな** 片仮名 가타카나, 일본고유문자의 하나
  - 片仮名と平仮名の読み方 かたかな와 ひらかな 읽는방법
  - カタカナは外国語を表記する時に使う 가타카나는 외국어를 외국어를 표기할 때 사용한다

89
- **かちょう** 課長 과장(님)
  - 課長に任命する 과장에 명하다
  - 課長を留任させる 과장을 유임시키다

90
- **がっこう** 学校 학교
  - 各種学校 각종 학교
  - 学校に入る 학교에 들어가다

20 | 일본어 능력시험 단어

명사

91
■ **かど** 角 모서리, 모퉁이

❖ 柱角 기둥 모서리
❖ 街角 거리 모퉁이

92
■ **かない** 家内 가내, 집안, 가족

❖ 家内作業 가내 작업
❖ 家内一同元気です 가족 모두 건강합니다

93
■ **かばん** 가방

❖ かばんにつめる 가방에 넣다
❖ かばんを肩に掛ける
　가방을 어깨에 메다

94
■ **かびん** 花瓶 화병, 꽃병

❖ 花瓶の花を取りかえる 꽃병의 꽃을 갈다
❖ 花瓶の下敷き 화병 받침

95
□ **かようび** 火曜日 화요일

❖ 今日は 火曜日 です
　오늘은 화요일입니다
❖ 火曜日の夜に 화요일의 밤에

96
□ **かんがえ** 考え 생각

❖ 甘い考え 안이한 생각
❖ 真面目な考え 진지한 생각

97
□ **かんがえかた** 考え方 사고 방식

❖ 正しい考え方 바른 사고 방식
❖ それは危険な考え方だ
　그것은 위험한 사고 방식이다

JLPT N5 필수단어 | **21**

98
□ **かんこく** 韓国 한국

- 韓国民謡 한국 민요
- 韓国語 한국어

99
■ **かんじ** 漢字 한자

- 教育漢字 교육 한자
- 常用漢字 상용 한자

100
■ **きって** 切手 우표

- 切手を貼る 우표를 붙이다
- 切手の収集 우표 수집

101
■ **きっぷ** 切符 티켓, 입장권

- 切符売場 매표소
- 切符を買う 표를 사다

102
□ **きゅうじつ** 休日 휴일

- 休日を返上して働く 휴일을 반환하고 일하다
- 休日出勤 휴일출근

103
■ **ぎゅうにく** 牛肉 우육, 쇠고기

- 牛肉屋 푸줏간
- 牛肉を挽く 쇠고기를 얇게 저미다

104
■ **ぎゅうにゅう** 牛乳 우유

- 牛乳配達 우유배달
- 牛乳を取っている 우유를 대먹고 있다

명사

105
■ **きょうしつ** 教室　교실, 교실
　　❖ 音楽教室 음악 교실
　　❖ 解剖学教室 해부학 연구실

106
■ **きょねん** 去年　작년, 지난해
　　❖ 去年買った洋服 지난해에 산 양복
　　❖ 去年の今ごろ 작년 이맘때

107
□ **きん** 金　금
　　❖ 金の価値が下がる 금의 가치가 떨어지다
　　❖ 歯に金をかぶせる 이에 금을 씌우다

108
■ **ぎんこう** 銀行　은행
　　❖ 銀行員 은행원
　　❖ 中央銀行 중앙 은행

109
□ **きんようび** 金曜日　금요일
　　❖ 来週の金曜日 내주 금요일
　　❖ 金曜日かまたは土曜日に完成する
　　　금요일 또는 토요일에 완성된다

110
■ **くすり** 薬　약
　　❖ 薬を飲む 약을 먹다
　　❖ 傷口に薬をつける 상처에 약을 바르다

111
■ **くだもの** 果物　과일
　　❖ 食後に果物を食べる 식후에 과일을 먹다
　　❖ 果物が大量に入荷される
　　　과일이 대량으로 입하되다

JLPT N5 필수단어 | **23**

112
くち　　口　　입

- 口が達者だ 언변이 좋다
- 口を噤む 입을 다물다

113
くつ　　靴　　신, 신발, 구두

- 靴を履く 신발을 신다
- 靴を磨く 구두를 닦다

114
くつした　靴下　양말

- 靴下を穿く 양말을 신다
- 靴下の一方 양말짝

115
くに　　国　　나라, 출신지, 고향

- 国を治める 나라를 다스리다
- お国のために戦う 나라를 위해 싸우다

116
くるま　　車　　자동차, 수레

- 車のナンバー 차량 넘버
- 車に乗ろう 차를 타세

117
けさ　　今朝　　오늘 아침

- 今朝は遅いね 오늘 아침은 늦는군
- 父は今朝早く出かけました
  아버지는 오늘 아침 일찍 외출하셨습니다

118
けっこん　結婚　결혼　*結婚式(けっこんしき) 결혼식

- 恋人と結婚する 연인과 결혼하다
- 結婚を申し込む 결혼을 신청하다

명사

119
□ **げつようび** 月曜日 월요일
- 毎週月曜日は忙しい 매주마다 월요일은 바쁘다
- 月曜日休館 월요일 휴관

120
■ **けん** 県 일본 지방 행정 구획의 하나, 현
- 県に保健所を置く 현에 보건소를 두다
- 県の行政 현의 행정

121
□ **げんじつ** 現実 현실
- 夢が現実になる 꿈이 현실로 되다

122
■ **げんかん** 玄関 현관
- 成田空港は日本の玄関だ 나리타 공항은 일본의 현관이다
- 玄関まで送ってあげた 현관까지 데려다 줬다

123
□ **げんき** 元気 원기, 기력
- 元気がいい 원기가 좋다
- 元気をつける 원기를 북돋우다

124
■ **~こ** ~個 ~개, 개, 개인, 물건의 개수를 셈
- 個人の問題 개인의 문제
- りんご10個 사과 열 개

125
■ **こうえん** 公園 공원
- 国立公園 국립 공원
- 児童公園 어린이 공원

126
■ こうこうせい 高校生 　고교생

❖ 最近の高校生 요즘의 고교생
❖ 高校生と大学生を同一視する事は出来ない
고교생과 대학생을 동일시할 수는 없다

127
■ こうちょう 校長 　교장

❖ 校長に補する 교장에 보하다
❖ 校長の訓辞 교장의 훈사

128
■ こうばん 交番 　파출소

❖ 交番勤務 파출소 근무
❖ 駅前の交番 역전 파출소

129
□ こうはん 後半 　후반(↔前半)

❖ 試合の後半 경기의 후반
❖ 後半戦 후반전

130
□ こうむいん 公務員 　공무원

❖ 国家公務員 국가 공무원
❖ 公務員という身分で
공무원이라는 신분으로

131
■ こえ 声 　목소리, 음성

❖ 優しい声 상냥한 목소리
❖ 声をあげる 소리를 지르다

132
□ こくさいか 国際化 　국제화

❖ 国際化時代の申し子
국제화 시대의 부산물
❖ スポーツの国際化 스포츠의 국제화

133
□ **こくさいてき** 国際的 국제적
* 国際的関心 국제적 관심
* 国際的犯罪組織 국제적 범죄 조직

134
□ **こくじん** 黒人 흑인, 차별어
* 黒人文化の黄金時代 흑인 문화의 황금시대
* 黒人霊歌 흑인영가

135
□ **こくない** 国内 국내
* 国内市場 국내 시장
* 国内の問題 국내의 문제

136
■ **ごご** 午後 오후
* 午後五時頃 오후 다섯 시경
* 午後の課業 오후의 과업

137
■ **ここ** 이곳, 여기, 요사이
* ここの人たち 이곳 사람들
* ここにある本 여기 있는 책

138
□ **ここのか** 九日 9일
* 1月九日 1월 9일
* 船で九日かかる 배로 아흐레 걸린다

139
□ **ここのつ** 九つ 아홉, 아홉살
* 九つの女の子 아홉 살 난 여자 아이
* ミカンを九つ食べた 감귤을 아홉개 먹었다

JLPT N5 필수단어 | **27**

140
■ **ごぜん** 午前 오전

❖ 午前6時に起きる 오전 6시에 일어나다
❖ 午前中に(昼前に) 오전 중에

141
□ **こちら** 이쪽, 이분, 여기

❖ こちらが空いています
이쪽이 비어 있습니다
❖ こちらへいらっしゃい
이쪽으로 오십시오

142
■ **ことし** 今年 금년, 올해

❖ 今年の冬 금년 겨울
❖ 今年は雨が多い 금년은 비가 잦다

143
□ **ことば** 言葉 말, 언어, 말투

❖ 言葉を交わす 말을 주고받다
❖ 言葉を掛ける 말을 걸다

144
■ **こども** 子供 아이, 어린이, 자식

❖ 子供を産む 아이를 낳다
❖ 子供のない寂しさ 자식 없는 쓸쓸함

145
■ **この** 이

❖ この辺り 이 부근
❖ この人 이 사람

146
■ **ごはん** ご飯 밥, 식사

❖ ご飯をよそう 밥을 담다
❖ ご飯のお代わりを下さい
밥을 더 부탁합니다

명사

147 これ 이것, 지금
- これが評判の本だ
  이것이 소문난 그 책이다
- これを一つ頂きます
  이것을 하나 갖겠습니다

148 ころ 頃 무렵, 때, 경(=ごろ)
- 頃は秋 때는 가을
- 子供の頃大地震があった
  어린 시절에 큰 지진이 있었다

149 こんげつ 今月 금월, 이달
- 今月号の雑誌 금월호의 잡지
- 今月分の給料 이달 분 급료

150 こんしゅう 今週 금주, 이번주
- 今週の月曜日 금주 월요일
- 今週中に訪れる予定です
  금주 중으로 방문할 예정입니다

151 こんばん 今晩 오늘 밤
- 今晩は冷えそうです
  오늘 밤은 추위가 심한 것 같습니다
- 今晩遊びに来ませんか
  오늘 밤 놀러 오시지 않겠습니까?

152 さかな・うお 魚 생선, 물고기
- 魚市場 어시장
- 魚のフライが揚がった
  생선 튀김이 튀겨졌다

153 さき・せん 先 먼저 선, 앞
- 先を争って電車に乗る
  앞을 다투어 전차를 타다
- 先に払っておく 선불해 두다

154
□ **さくねん** 昨年 　　작년(=去年)

❖ 昨年のその頃のことである
　작년 그맘때의 일이다
❖ 昨年退職した 작년에 퇴직했다

155
■ **さくぶん** 作文 　　작문, 글짓기

❖ 作文を書く 작문을 쓰다
❖ 作文コンクール 작문 경연회

156
□ **さけ・しゅ** 酒 　　술

❖ 酒を愛する 술을 좋아하다
❖ お酒をお上がりください 술을 드십시오

157
■ **ざっし** 雑誌 　　잡지

❖ 雑誌記者 잡지 기자
❖ 雑誌の購読を申し込む
　잡지 구독을 신청하다

158
■ **さとう** 砂糖 　　설탕

❖ 砂糖の原産地 설탕의 원산지
❖ 砂糖を[石油を]精製する
　설탕을[석유를] 정제하다

159
□ **さら** 皿 　　접시

❖ 皿が粉微塵になる
　접시가 산산조각이 나다
❖ 皿の上にお菓子がいっぱいだ
　접시 위에 과자가 수북하다

160
■ **さんぽ** 散歩 　　산보, 산책

❖ 宇宙散歩 우주 산책
❖ 公園を散歩する 공원을 산책하다

161
■ **じ** ~時 ~때, 시간, 시각

❖ 戦時国際法 전시 국제법
❖ 5時に閉店する 5시에 폐점한다

162
□ **じ** 字 글자, 문자

❖ 字を書く 글자를 쓰다
❖ 字が読めない 글자를 못 읽다

163
■ **しお** 塩 소금

❖ 塩を振りかける 소금을 치다
❖ 魚を塩に漬ける 생선을 소금에 절이다

164
■ **じかん** 時間 시간

❖ 時間を惜しむ 시간을 아끼다
❖ 時間の問題 시간 문제

165
■ **しごと** 仕事 일, 작업, 직업

❖ 職場での仕事 직장에서의 일
❖ 立ち仕事 서서 하는 작업

166
■ **じしょ** 辞書 사전

❖ 辞書を引く 사전을 찾아보다
❖ 辞書と首っ引きで読む
사전과 씨름하면서 읽다

167
□ **しぜん** 自然 자연, 천연(天然)

❖ 自然の営み 자연의 영위
❖ 自然の驚異 자연의 경이

168
しち 七 — 일곱(=なな)

- 七分の一 7분의 1
- 午前七時 7할쯤

169
しつもん 質問 — 질문

- 質問を受ける 질문을 받다
- 質問を浴びせる 질문을 퍼붓다

170
しつれい 失礼 — 실례

- 失礼にあたる 실례가 되다
- 私こそ失礼しました 저야말로 실례했습니다.

171
じてんしゃ 自転車 — 자전거

- 原動機付き自転車 원동기 달린 자전거
- 自転車通学 자전거 통학

172
じどうしゃ 自動車 — 자동차

- 自動車教習所 자동차 교습소
- 自動車の部品 자동차의 부분품

173
しない 市内 — 시내

- 市内観光 시내 관광
- 市内配達 시내 배달

174
じびき 字引 — 사전(=辞書, 辞典)

- 生き字引 살아 있는 사전 박식가
- 字引を引く 사전을 찾다

명사

175
■ **じぶん**　自分　자기 자신, 스스로

　　❖ 自分の事は自分でやれ
　　자기 일은 자기가 해라
　　❖ 自分でも分からない
　　자기로서도 알 수 없다

176
■ **じむしょ**　事務所　사무소

　　❖ 事務所を移転する 사무소를 이전하다
　　❖ 事務所を開設する 사무소를 개설하다

177
□ **しめい**　指名　지명

　　❖ 指名を受ける 지명을 받다
　　❖ 指名打者 지명 타자

178
□ **しゃいん**　社員　사원

　　❖ 新入社員 신입 사원
　　❖ 赤十字社の社員 적십자사의 사원

179
■ **しゃしん**　写真　사진　　*写真館(しゃしんかん) 사진관

　　❖ 写真をとる 사진을 찍다
　　❖ 彼女は写真嫌いだ
　　그녀는 사진 찍기를 싫어한다

180
■ **しゃちょう**　社長　사장

　　❖ 社長は御機嫌ななめだ
　　사장은 저기압이다
　　❖ 社長の直系 사장의 직계

181
□ **じゅう**　十　십, 열

　　❖ 十の大罪 열 가지 대죄
　　❖ 十に一つも間違いない
　　열에 하나도 틀림이 없다

182
□ **じゆう**　自由　　자유

- 自由競争 자유 경쟁
- 自由を共有している 자유를 누리고 있다

183
□ **しゅうかん**　~週間　　~주간

- 読書週間 독서 주간
- 二週間のヨーロッパツアーに行く
  2주간의 유럽 여행을 떠나다

184
■ **しゅうかん**　習慣　　습관

- 手を洗う習慣 손을 씻는 습관
- 一日に2食の習慣 하루에 두 끼 먹는 습관

185
■ **じゅうどう**　柔道　　유도

- 柔道5段 유도 5단
- 柔道の達人 유도의 달인

186
■ **じゅぎょう**　授業　　수업

- 授業中 수업중
- 授業時間 수업 시간

187
■ **しゅくだい**　宿題　　숙제

- 宿題帳 숙제장
- 夏休みの宿題を出す
  여름 방학의 숙제를 내다

188
■ **しゅじん**　主人　　주인, 남편

- 旅館の主人 여관 주인
- 飲食店の主人 음식점 주인

명사

189
□ **しゅとけん** 首都圏　수도권

❖ 首都圏ニュース　수도권 뉴스

190
■ **じゅんび**　準備　준비

❖ 準備を怠る　준비를 게을리하다
❖ 心の準備をととのえる
　마음의 준비를 하다

191
□ **しょうじょ** 少女　소녀, 처녀

❖ 少女の感傷　소녀의 감상
❖ 少女は恥ずかしそうにうつむいた
　소녀는 수줍은 듯이 고개를 숙였다

192
□ **しょうひしゃ** 消費者　소비자

❖ 消費者の志向を調査する
　소비자의 지향을 조사하다
❖ 消費者は王様だ　소비자는 왕이다

193
□ **しょうひぜい** 消費税　소비세

❖ 個別消費税　개별소비세

194
■ **しょうゆ**　醤油　간장

❖ 山葵醤油　겨자장
❖ 酢醤油　초간장

195
□ **じょうようしゃ** 乗用車　승용차

❖ 乗用車を改造した　승용차를 개조하다
❖ 乗用車と正面衝突する
　승용차와 정면 충돌하다

196
■ **しょくどう**　食堂　식당

- 食堂兼居間 식당 겸 거실
- 駅前の食堂 역전의 식당

197
□ **じょし**　女子　여자

- 女子従業員 여자 종업원
- 女子教育 여성 교육

198
■ **じん**　人　~인, 사람

- 映画人 영화인
- 内国人 내국인

199
■ **しんぶん**　新聞　신문

- 新聞記事[配達] 신문 기사[배달]
- スポーツ新聞 스포츠 신문

200
■ **すうがく**　数学　수학

- 数学だけを一生懸命に勉強する 수학만 파다
- 数学の天才 수학의 천재

201
■ **せいと**　生徒　생도(중·고등학생)

- 生徒を導く 학생을 지도하다
- 生徒会長 학생회장

202
■ **せびろ**　背広　신사복

- 背広を子供のスーツに作り替える 신사복을 어린이 슈트로 고쳐 만들다
- 背広の上着 양복 저고리

203
■ **せんげつ** 先月 　지난달, 전달

- 先月から家賃が滞る
  지난달부터 집세가 밀리다
- 彼女は先月結婚しました
  그녀는 지난달 결혼했습니다

204
□ **せんご** 戦後 　전후

- 戦後文学 전후 문학
- 戦後の混乱期を生き抜く
  전후의 혼란기를 살아 나오다

205
□ **ぜんじつ** 前日 　전일, 전날

- 入学式の前日 입학식 전일
- 選挙の前日 선거 전날

206
■ **せんしゅう** 先週 　지난주

- 先週の月曜日 전주 월요일

207
□ **せんせい** 先生 　선생, 선생님

- 鬼先生 호랑이 선생님
- 先生から注意を受ける
  선생님에게 주의를 받다

208
□ **ぜんぶ** 全部 　전부

- 全部読んだ 모두 읽었다
- 全部そうではない 전부가 그렇지는 않다

209
□ **せんもんか** 専門家 　전문가

- 料理の専門家 요리 전문가
- 専門家に委託する 전문가에게 위탁하다

명사

JLPT N5 필수단어 | **37**

210
■ **ぞうか** 増加 증가

❖ 自然増加 자연 증가
❖ 増加額 증가액

211
■ **そうじ** 掃除 청소

❖ 掃除当番 청소 당번
❖ 掃除が行き届いている
　청소가 구석구석까지 잘 되어 있다

212
□ **そちら** 그 쪽, 그 곳

❖ そちらへ参ります 그 쪽으로 가겠습니다
❖ そちらへ目を向ける
　그 쪽으로 눈을 돌리다

213
■ **そと** 外 겉, 밖

❖ 塀の外 담의 바깥
❖ 窓の外を眺める 창밖을 내다보다

214
■ **そら** 空 하늘

❖ 空を飛ぶ 하늘을 날다
❖ 空の旅 하늘 여행

215
■ **それ** 그것

❖ それを私に返してください
　그것을 나에게 돌려 주십시오
❖ それはいつの事ですか
　그것은 언제 일입니까?

216
■ **だいがく** 大学 대학

❖ 女子大学 여자 대학
❖ 大学教授 대학교수

명사

217
□ **だいがくせい** 大学生 대학생

❖ 僕の兄貴は大学生だ
우리 형님은 대학생이다
❖ 大学生としての誇りを持つ
대학생으로서의 긍지를 갖다

218
■ **たいしかん** 大使館 대사관

❖ アメリカ大使館 미국대사관

219
■ **だいどころ** 台所 부엌, 주방, 살림

❖ 台所道具 부엌 용품
❖ 台所が苦しい 살림이 어렵다

220
□ **たて** ~建て 건물의 양식이나 층수를 나타냄

❖ 二階建て 2층집
❖ 一戸建て 독채

221
■ **たてもの** 建物 건물, 건축물

❖ 建物の所有主 건물의 소유주
❖ 建物を壊す 건물을 부수다

222
□ **たべもの** 食べ物 먹을 것, 음식물(=食物)

❖ 食べ物が豊富だ 음식물이 풍부하다
❖ 栄養豊富な食べ物 영양이 풍부한 음식

223
■ **たまご** 卵 달걀, 알

❖ ゆで卵 삶은 달걀
❖ 生卵 날계란

224
■ **だれ** 誰 누구

- あの人は誰ですか 저 사람은 누구입니까?
- あまり大勢いて誰が誰だか分からなかった 너무 많은 사람이 있어서 누가 누구인지 알 수 없었다

225
■ **たんじょうび** 誕生日 생일, 탄생일

- 誕生日にプレゼントする 생일에 선물하다
- 誕生日の贈り物 생일 선물

226
□ **ち** 血 피

- 血を流す 피를 흘리다
- 血を吐く 피를 토하다

227
■ **ちかてつ** 地下鉄 지하철

- 10両編成の地下鉄 10량 편성의 열차
- 地下鉄が一番早いです 지하철이 가장 빠릅니다

228
□ **ちじょう** 地上 지상

- 地上勤務 지상 근무
- 地上12階のビル 지상 12층의 빌딩

229
■ **ちず** 地図 지도

- 世界地図 세계 지도
- 地図を頼りに訪ねて行く 지도를 의지하여 찾아가다

230
□ **ちほう** 地方 지방

- 京畿地方 경기 지방
- 地方出身 지방출신

231
■ **ちゃいろ** 茶色 갈색, 다색

❖ 茶色の背広 갈색 양복
❖ 髪を茶色に染める
  머리를 갈색으로 물들이다

232
■ **ちゃわん** 茶碗 찻잔, 사기로 된 컵, 밥공기

❖ 茶碗飯 밥공기에 담은 밥
❖ 夫婦茶碗
  한 쌍으로 된 부부용 밥공기[찻종]

233
■ **ちゅうがくせい** 中学生 중학생

❖ ぼくは中学生です 저는 중학생입니다
❖ 中学生に相応しい行動
  중학생에 어울리는 행동

234
■ **ちゅうがっこう** 中学校 중학교

❖ 中学校に通う 중학에 다니다
❖ 中学校三年生 중학 3학년생

235
□ **ちゅうごく** 中国 중국

❖ 中国語 중국어
❖ 中国文学 중국 문학

236
■ **ちゅうしゃじょう** 駐車場 주차장

❖ 無料駐車場 무료 주차장
❖ 建物の後ろにある駐車場
  건물 뒤에 있는 주차장

237
□ **ついたち** 一日 초하루

❖ 三月一日オープン 3월 1일 개점[개관]
❖ 八月一日 8월 초하루

238
□ **つぎ・じ**　次　　다음

- 次の課に進む 다음 과로 나아가다
- 次の回の攻撃 다음 회의 공격

239
■ **つくえ**　机　　책상

- 机を並べて勉強する
  책상을 나란히 하고 공부하다
- 机に向かう
  (공부하기 위해) 책상 앞에 앉다

240
□ **つま・さい**　妻　　아내

- 妻に甘い夫 아내에게 무른 남편
- 妻の言いなりになる
  아내가 하라는 대로 하다

241
□ **て・しゅ**　手　　손

- 手で押さえる 손으로 누르다
- 額に手をかざす 이마에 손을 올려 가리다

242
■ **てがみ**　手紙　　편지, 서한

- 手紙が来る 편지가 오다
- 手紙が届く 편지가 도착하다

243
■ **でぐち**　出口　　출구

- 非常用の出口 비상용 출구
- 出口をふさぐ 출구를 막다

244
■ **でんき**　電気　　전기

- 摩擦で電気が起きる
  마찰로 전기가 일어나다
- 電気が通じる 전기가 통하다

명사

245
□ **てんき** 天気 날씨

- 今日は天気がよい 오늘은 날씨가 좋다
- 山の天気は変わりやすい
  산의 날씨는 변하기 쉽다

246
■ **でんしゃ** 電車 전차

- 電車に乗る 전차를 타다
- 電車賃 전차삯

247
■ **でんわ** 電話 전화

- 今夜電話します
  오늘 저녁 전화하겠습니다
- 電話をかける 전화를 걸다

248
□ **ど** 度 ~도, ~번, ~때

- 毎度ごめんどうを掛けて済みません
  번번이 수고[폐]를 끼쳐서 미안합니다
- 一度伺います 한번 더 여쭙겠습니다

249
■ **どうぶつ** 動物 동물

- 動物愛護団体 동물애호단체
- 動物崇拝 동물 숭배

250
□ **とうほく** 東北 동북, 동북쪽

- 東北の旅 동북 지방 여행
- 東北弁 동북 지방 사투리

251
□ **とお** 十 십, 열

- 十ぐらいの男の子
  열 살 가량의 남자 아이
- 来年は十になる 내년에는 열 살이 된다

JLPT N5 필수단어 | **43**

252
□ **とおか** 十日 10일

- 来月の十日 내달 십 일
- 十日のつもりが一か月かかった
  열흘을 예상했는데 한 달 걸렸다

253
□ **とおり・どおり** 通り 대로, 거리

- 表通り 시가의 큰길
- 街路樹のある通り 가로수가 있는 거리

254
■ **とけい** 時計 시계

- 時計屋 시계포
- 目覚まし時計 자명종

255
■ **どこ** 어디, 아무데

- どこでもいい 어디든 좋다
- どこから来たの 어디서 왔지?

256
■ **ところ** 所 곳, 장소, 부분

- 昔ある所に 옛날 어느 곳에
- 静かな所 조용한 곳

257
■ **としょかん** 図書館 도서관

- 図書館の蔵書 도서관의 장서
- 図書館にせっせと通う
  도서관에 열심히 다니다

258
■ **どちら** 어느쪽, 어디, 누구

- どちらからおいでですか
  어디에서 오셨습니까?
- どちらへお出かけですか
  어디로 가십니까?

259
どなた
①어느분 "누구"의 공손한 말씨 ②어느쪽

* どなたもご存知でしょう
  어느분이나 알고 계시겠지요
* こちらさんはどなたですか
  이분은 누구십니까?

260
となり 隣
옆, 이웃집

* お隣におめでたいことがある
  이웃집에 경사가 있다
* 隣の御爺さん 옆집 할아버지

261
どの
어느, 무슨, 어떤

* どの少年 어느 소년
* どの辺に住んでいるか
  어느 근방에 살고 있는가?

262
ともだち 友達
친구, 벗

* 男友達 남자 친구
* 飲み[釣り]友達 술[낚시] 친구

263
どようび 土曜日
토요일

* 土曜日の夜 토요일 밤
* 土曜日に休む会社もある
  토요일에 쉬는 회사도 있다

264
とり 鳥
새

* 鳥が鳴く 새가 울다
* 飛ぶ鳥も落とす勢い
  나는 새도 떨어뜨릴 권세

265
とりにく 鶏肉
닭고기

* 皮付きの鳥肉
  껍질이 붙어 있는 닭고기

266
■ どれ
어느쪽, 어느것, 어디

❖ どれにしようか 어느 것으로 할까?

❖ どれがどれだかわからない
어느 것이 어느 것인지 알 수 없다

267
□ な・めい　名
이름

❖ 名刺を交換する 명함을 교환하다

❖ 名も知れぬ遠い島 이름도 모르는 먼 섬

268
■ なか　中
중, 중간, 한가운데, 안, 속

❖ 家の中 집 안

❖ かばんの中に入れる 가방 속에 넣다

269
□ なかま　仲間
한패, 동료, 동아리

❖ 仲間意識 동료 의식

❖ 飲み仲間 술친구

270
□ なつ　夏
여름

❖ 夏かぜ 여름 감기

❖ 春から夏にかけて 봄부터 여름에 걸쳐서

271
■ なつやすみ　夏休み
여름 휴가, 여름 방학

❖ 夏休みを短縮する
여름 방학을[휴가를] 단축하다

❖ 夏休みに入る 여름 방학으로 접어들다

272
■ など
~등, 등급, 순위

❖ 酒などはお好きですか
술 같은 것을 좋아하십니까?

❖ 雑誌や新聞などに載る
잡지나 신문 등에 실리다

273
□ **ななつ** 七つ 일곱, 일곱개

* 七つで小学校に上がる
  일곱 살에 초등 학교에 들어가다
* 七つ年配だ 일곱 살 연상이다

274
■ **なに** 何 무엇(=なん)

* 何が好きですか
  무엇[어떤 것]을 좋아합니까?
* これは何ですか 이것은 무엇입니까?

275
□ **なのか** 七日 7일

* 1月七日づけの消印 1월 7일부의 소인
* 七月七日 7월 7일

276
■ **なまえ** 名前 이름

* 山の名前 산 이름
* 江戸は東京の古い名前である
  에도는 도쿄의 옛이름이다

277
□ **なんど** 何度 몇 번, 여러 번

* 何度言ったらわかるのか
  몇 번 말해야 알겠느냐
* 何度やってもだめだ 몇 번 해도 안 된다

278
□ **に** 二 숫자2, 두번째

* 二の句 다음 말 두 번째[다음] 구
* 二の矢 두 번째 화살

279
■ **にく** 肉 고기, 살

* 肉が付く 살이 오르다
* 肉が落ちる 살이 내리다 야위다

명사

280
- **にし**　　西　　서쪽, 서풍
  - 西に沈む太陽 서쪽으로 지는 해
  - 天気は西から崩れる
    날씨는 서쪽에서부터 흐려지다

281
- **にちよう**　日曜　일요일
  - 日曜を抜いた日なら差し支えない
    일요일만 아니면 지장이 없다
  - 日曜と祭日がぶつかる
    일요일과 축제일이 겹치다

282
- **にほんご**　日本語　일본어, 일본말
  - 日本語の手びき 일본어의 길잡이
  - 日本語学院 일본어 학원

283
- **にほんじん**　日本人　일본인, 일본 사람
  - 日本人の民族性 일본인의 민족성
  - 日本人とフランス人のあいのこ
    일본인과 프랑스인의 혼혈아

284
- **にもつ**　　荷物　　짐, 부담
  - 手荷物 수하물
  - 荷物を積む 짐을 쌓다[싣다]

285
- **にわ**　　庭　　정원
  - 庭の手入れ 뜰의 손질
  - 広い庭のある屋敷 넓은 정원이 있는 저택

286
- **にん**　　~人　　~인, 사람
  - 三人しか集まらなかった
    세 명밖에 모이지 않았다
  - 代理人 대리인

명사

287
■ **ねん** ~年 ~년, 해

❖ 年に一度 1년에 한 번
❖ 年号 연호

288
□ **ねんきん** 年金 연금

❖ 年金の受け取り期日 연금 수령 기일
❖ 年金がおりる 연금이 나오다[지급되다]

289
□ **ねんまつ** 年末 연말

❖ 年末賞与 연말 상여
❖ 年末大売出し 연말 대매출

290
□ **のみもの** 飲み物 마실 것, 음료수

❖ お飲み物は何になさいますか
  음료는 무엇으로 하시겠습니까?
❖ やや暖かい飲み物 조금 따뜻한 음료

291
□ **は** 葉 잎

❖ 葉の出る前に花の咲く木
  잎이 나기 전에 꽃이 피는 나무
❖ 葉が落ちる 잎이 지다

292
■ **はいざら** 灰皿 재떨이

❖ 吸殻が灰皿のうえでくゆる
  담배꽁초가 재떨이에서 타고 있다

293
■ **はがき** 葉書 엽서

❖ 私製葉書 사제 엽서
❖ 葉書をポストに投函する
  엽서를 우체통에 넣다

294
■ **はこ** 箱 상자, 궤짝

❖ 箱の中にりんごは何個入ってますか
상자 속에 사과는 몇 개 들어 있습니까?

❖ ビールは箱で注文する
맥주는 상자로 주문한다

295
□ **はし** 箸 젓가락

❖ 箸を使う 젓가락질하다
❖ 箸を置く 젓가락을 놓다

296
■ **はし** 橋 다리

❖ 橋を渡る 다리를 건너다
❖ 洪水で橋が流れた
홍수로 다리가 떠내려갔다

297
■ **はじめ** 始め 처음, 기원, 시초

❖ 仕事の初め 일의 시작
❖ 作業初めの合図 작업 시작의 신호

298
□ **はしら** 柱 기둥

❖ 門の柱 문기둥
❖ 電信柱 전봇대

299
□ **はち** 八 여덟, 8

❖ 定価の八掛けで売っている
정가의 8할에 팔고 있다

❖ 額に八の字を寄せる
이마에 여덟팔자를 짓다, 얼굴을 찡그리다

300
□ **はつか** 二十日 20일

❖ 七月二十日 7월 20일
❖ 二十日間休む 20일간 쉬다

301
□ **はな** 花 꽃

❖ 花が咲く 꽃이 피다
❖ 花が散る 꽃이 지다

302
■ **はなし** 話 이야기, 말

❖ 話の種 이야기의 샘
❖ 話相手になる 말동무가 되다

303
■ **はは** 母 어머니

❖ 二児の母 두 아이의 어머니
❖ 母の愛 어머니의 사랑

304
■ **ばんごう** 番号 번호

❖ 番号札 번호표
❖ 番号をかける
(늘어선 사람이) 번호를 붙이다

305
■ **ばんごはん** 晩ご飯 저녁식사(=夕食,=夕ご飯)

❖ 晩ご飯を食べましたか
저녁밥 먹었습니까?
❖ 二人で作る晩ご飯 둘이서 만드는 저녁밥

306
■ **はんたい** 反対 반대

❖ 反対側のプラットフォーム
반대쪽의 플랫폼
❖ 東の反対は西 동(쪽)의 반대는 서(쪽)

307
□ **はんとし** 半年 반년

❖ 半年分 반년분
❖ その仕事は半年もかかった
그 일은 반년이나 걸렸다

308
■ **はんぶん**　半分　　반, 절반

❖ 半分に切る 반으로 자르다
❖ 利益が半分に減る 이익이 반으로 줄다

309
□ **ひがし**　東　　동쪽, 동녘

❖ 東の空がうっすらと白み始めた
  동녘 하늘이 희미하게 밝기 시작했다
❖ 東の方向 동방, 동쪽

310
□ **ひき**　~匹　　~마리

❖ 二匹の蛇 두 마리의 뱀
❖ 4匹 네 마리

311
■ **ひこうき**　飛行機　　비행기

❖ 飛行機の爆音のためによく聞えない
  비행기 폭음으로 귀가 먹먹하다
❖ 飛行機から落下する
  비행기에서 낙하하다

312
□ **びじゅつかん**　美術館　　미술관

❖ パリのギメ国立東洋美術館
  파리의 기메 국립 동양 박물관

313
■ **ひだり**　左　　왼쪽, 왼편

❖ 日程は左の通り
  일정은 왼쪽에 적은 것과 같음
❖ 左に曲がる 왼쪽으로 꺾이다

314
□ **ひと・にん・じん**　人　　사람, 다른 사람, 남

❖ 仁義を重んずる人 의리를 존중하는 사람

315
□ **ひとつ** 一つ 하나, 한개

- 一つ年上だ 한 살 위다
- 一つしか無い 하나밖에 없다

316
■ **ひとつき** 一月 한달

- 一月も続く長雨 한달이나 계속되는 장마

317
□ **ひとびと** 人々 사람들

- 貧しい人々 가난한 사람들
- 人々の予想を裏切る成績
  사람들의 기대에 어긋나는 성적

318
□ **ひま** 暇 틈, 시간, 짬

- 暇を惜しむ 시간을 아끼다
- 手紙を書く暇も無い
  편지를 쓸 시간도 없다

319
□ **ひゃく** 百 백, 100

- 数百 수백
- 百害無益 백해무익

320
□ **ひゃっかてん** 百貨店 백화점(=デパート)

- 百貨店は10時に開く
  백화점은 10시에 문을 연다
- 百貨店の売り子 백화점의 여점원

321
■ **びょういん** 病院 병원

- 綜合病院 종합병원
- 病院に通う 병원에 다니다

명사

JLPT N5 필수단어 | **53**

322
□ びょうき　病気　병, 질병, 나쁜 버릇

❖ 重い病気にかかる 중한 병에 걸리다
❖ 病気が治る 병이 낫다

323
■ ひる　昼　낮, 점심, 정오

❖ 昼間は仕事をする 낮동안은 일을 하다
❖ 昼日中から酒を飲む
대낮부터 술을 마시다

324
□ ひるごはん　昼ご飯　점심밥(=昼食)

❖ 昼ご飯は外で食べよう
점심은 밖에서 먹자
❖ 昼ご飯、ごゆっくり、どうぞ
점심 맛있게 드세요

325
■ ふうとう　封筒　봉투

❖ 封筒の宛名書き
봉투에 수신자 주소 성명 기입
❖ 封筒に切手をはる 봉투에 우표를 붙이다

326
□ ふたつ　二つ　둘, 쌍방, 양쪽

❖ 二つに割る 둘로 나누다[쪼개다]
❖ 二つの目で見る 두 눈으로 보다

327
■ ぶたにく　豚肉　돼지고기

❖ 豚肉が品薄だ 돼지고기가 품귀다
❖ 豚肉は生では食べられません
돼지고기는 날것으로는 먹을 수 없습니다

328
■ ふたり　二人　두 사람

❖ 二人とも 두 사람 모두
❖ 二人の仲 두 사람 사이

329
■ **ぶちょう** 部長 **부장**

- 総務部長 총무 부장
- 部長が替わる 부장이 바뀌다

330
□ **ふぼ・ちちはは** 父母 **부모**

- それが父母の心だ
  그것이 부모의 마음이다

331
■ **ふゆ** 冬 **겨울**

- 冬休み 겨울 방학
- 冬支度 겨울 채비

332
■ **ふろ** 風呂 **목욕, 욕실**

- 風呂に入る 목욕하다
- 風呂を沸かす 목욕물을 데우다

333
■ **ふん** ~分 **~분**

- 3時5分前 3시 5분 전
- バスが3分ないし4分おきに来る
  버스가 3분 내지 4분 만에 온다

334
■ **ぶんか** 文化 **문화**

- 文化生活 문화 생활
- 文化の交流 문화의 교류

335
□ **べいこく** 米国 **미국**

- 米国と手を握る 미국과 손을 잡다
- 米国を経て帰国する
  미국을 경유하여 귀국하다

명사

336
■ **へや** 部屋 　방

❖ 南<ruby>向<rt>む</rt></ruby>きの<ruby>明<rt>あか</rt></ruby>るい<ruby>部屋<rt>へや</rt></ruby> 남향의 밝은 방
❖ <ruby>子供部屋<rt>こどもべや</rt></ruby> 어린이 방

337
■ **べんきょう** 勉強 　공부

❖ <ruby>試験<rt>しけん</rt></ruby>を<ruby>控<rt>ひか</rt></ruby>えて<ruby>一心<rt>いっしん</rt></ruby>に<ruby>勉強<rt>べんきょう</rt></ruby>する
　시험을 앞두고 열심히 공부하다
❖ <ruby>人生勉強<rt>じんせいべんきょう</rt></ruby> 인생 공부

338
□ **べんごし** 弁護士 　변호사

❖ <ruby>弁護士<rt>べんごし</rt></ruby>に<ruby>遺言状<rt>ゆいごんじょう</rt></ruby>を<ruby>寄託<rt>きたく</rt></ruby>する
　변호사에게 유언장을 기탁하다
❖ <ruby>弁護士<rt>べんごし</rt></ruby>の<ruby>資格<rt>しかく</rt></ruby>を<ruby>取<rt>と</rt></ruby>る 변호사 자격을 따다

339
■ **ぼうし** 帽子 　모자

❖ <ruby>帽子<rt>ぼうし</rt></ruby>をななめに<ruby>被<rt>かぶ</rt></ruby>る
　모자를 비딱하게 쓰다
❖ <ruby>帽子<rt>ぼうし</rt></ruby>の<ruby>縁<rt>ふち</rt></ruby> 모자의 테

340
■ **ぼく** 僕 　나(남자말)

❖ <ruby>僕<rt>ぼく</rt></ruby>の<ruby>考<rt>かんが</rt></ruby>えも<ruby>君<rt>きみ</rt></ruby>といっしょだ
　내 생각도 너와 같다
❖ いよいよ<ruby>僕<rt>ぼく</rt></ruby>の<ruby>番<rt>ばん</rt></ruby>だ 마침내 내 차례다

341
□ **ほっかいどう** 北海道 　홋카이도(북해도)

❖ <ruby>北海道出身<rt>ほっかいどうしゅっしん</rt></ruby> 북해도 출신
❖ <ruby>北海道<rt>ほっかいどう</rt></ruby>に<ruby>行<rt>い</rt></ruby>ってみたい
　북해도에 가고 싶다

342
□ **ほね・こつ** 骨 　뼈

❖ <ruby>骨<rt>ほね</rt></ruby>の<ruby>折<rt>お</rt></ruby>れる<ruby>仕事<rt>しごと</rt></ruby> 힘든 일
❖ <ruby>商売<rt>しょうばい</rt></ruby>の<ruby>骨<rt>こつ</rt></ruby>を<ruby>教<rt>おし</rt></ruby>えてください
　장사의 요령을 가르쳐 주세요

343
□ **~ほん** ~本 ~자루, ~병

- 鉛筆一本 연필 한 자루
- 酒、一本くれ 술 한 병 다오

344
■ **ほん** 本 책, 서적

- 漫画の本 만화책
- 本を読む 책을 읽다

345
□ **ほんしゃ** 本社 본사

- 本社教育 본사교육
- 本社から支店長が来任する 본사로부터 지점장이 내임하다

346
■ **ほんだな** 本棚 책꽂이

- 本棚の下段 책장의 하단
- 本棚を階下へ移す 책장을 아래층으로 내려가다

347
□ **ほんとう** 本当 정말, 진짜, 진실

- 本当らしい話 정말인 듯한 이야기
- 本当を言うと彼は僕の弟ではない 사실을 말하면 그는 내 동생이 아니다

348
□ **まい** ~枚 ~매, ~장

- 一枚 일매 한 장
- 数枚 수매 여러 장

349
□ **まいしゅう** 毎週 매주

- 毎週山に登る 매주 산에 간다

350
■ **まいつき・まいげつ** 毎月　　매월

❖ 毎月わずかな手当をもらう
　매달 약간의 수당을 받는다

❖ 毎月食費を稼ぐ　매월 식비를 벌다

351
■ **まいとし・まいねん** 毎年　　매년

❖ 毎年今頃になると風邪を引く
　매년 이맘때가 되면 감기에 걸린다

❖ 毎年二回大掃除をする
　매년 두 번 대청소를 하다

352
■ **まいにち** 毎日　　매일, 날마다, 그날그날

❖ 毎日今頃になると眠くなる
　매일 이맘때가 되면 졸음이 온다

❖ この時計は毎日2分ずつ遅れる
　이 시계는 매일 2분씩 늦는다

353
■ **まいばん** 毎晩　　매일 밤

❖ 毎晩10時には床に就く
　매일 밤 10시에는 잠자리에 들다

❖ 毎晩のように飲みつぶれて帰る
　매일 밤 고주망태로 취해서 돌아오다

354
■ **まえ** 前　　앞, 정면, 이전, 전

❖ 自然の暴威の前にはあまりにも無力だ
　자연의 맹위 앞에는 너무나 무력하다

355
■ **まち** 町　　거리, 도시, 시내

❖ 町に出る　시내[읍내]로 나가다

❖ 二つの町が合併して市になる
　두 읍이 합병하여 시로 되다

356
■ **まど** 窓　　창문

❖ 窓を開ける　창(문)을 열다

❖ 目は心の窓　눈은 마음의 창

357
□ まん 万
만, 10000
* 万を超える観客 일 만을 넘는 관객
* 万に一つでも入ればよい
  만에 하나라도 들어가면 좋다

358
■ まんねんひつ 万年筆
만년필
* 万年筆の中ではこれが一番よい
  만년필 중에서는 이것이 제일 좋다
* 万年筆またはボールペン
  만년필 또는 볼펜

359
■ みぎ 右
오른쪽
* 右に見える家 오른쪽에 보이는 집
* 右に向く 오른쪽으로 향하다

360
□ みず 水
물
* 水に映る月 물에 비친 달
* 水が凍る 물이 얼다

361
■ みせ 店
가게, 상점, 점포
* この店は午前9時に開きます
  이 가게는 오전 9시에 개점합니다
* 店が開いている 가게가 영업을 하고 있다

362
□ みっか 三日
3일
* 二泊三日 2박 3일
* 三日と続かない 사흘도 가지 않다

363
■ みっつ 三つ
셋
* 三つの怪しい光を見た
  세 가닥의 괴이한 빛을 보았다
* 三つ上の兄 세 살 위의 형

364
■ **みなさん**　皆さん　여러분

- 皆(みな)さん、さようなら
  여러분, 안녕히 계십시오
- 皆(みな)さんのおかげです 여러분 덕분입니다

365
■ **みなみ**　南　남, 남쪽

- 南(みなみ)に向(む)いた窓(まど) 남쪽으로 향한 창문
- 風(かぜ)は南(みなみ)から吹(ふ)いてくる
  바람은 남쪽에서 불어온다

366
■ **みみ**　耳　귀

- 耳(みみ)を澄(す)ます 귀를 기울이다
- 人(ひと)の言(い)うことが耳(みみ)に入(はい)らない
  남의 말이 귀에 들리지 않는다

367
□ **みやこ**　都　천황의 궁궐이 있는 곳, 수도(首都)

- 都(みやこ)へのぼる 서울(수도)로 올라가다
- 森(もり)の都(みやこ) 숲의 도시

368
□ **みらい**　未来　미래

- 未来(みらい)の妻(つま) 미래의 아내
- 未来都市(みらいとし) 미래 도시

369
□ **みりょく**　魅力　매력

- 魅力(みりょく)を感(かん)じる 매력을 느끼다
- 一日(いちにち)1万円(まんえん)のアルバイトはちょっと魅力(みりょく)だ
  하루 만 엔의 아르바이트는 좀 매력이 있다

370
■ **みんな**　皆　모두

- 皆(みんな)わたしの過(あやま)ちです 모두 제 잘못입니다
- 答(こた)えは皆(みんな)合(あ)っている 답은 모두 맞았다

명사

371
□ **むいか**　六日　6일

- まだ六日ある 아직 6일 남아 있다
- 六日の猶予を与える 엿새 동안의 유예를 주다

372
□ **むっつ**　六つ　여섯

- りんごを六つ買う 사과를 여섯 개 사다
- 六つになった子供 여섯 살이 된 아이

373
■ **め**　目　눈

- 目の大きな人 눈이 큰 사람
- 目を閉じる 눈을 감다

374
■ **めがね**　眼鏡　안경

- 色眼鏡 색안경
- 眼鏡を掛ける 안경을 쓰다

375
□ **もくようび**　木曜日　목요일

- 木曜日定休の店 목요일에 정기 휴업하는 가게
- 木曜日は非番だ 목요일은 비번이다

376
■ **もん**　門　문, 통과하는 곳

- 門を開ける 문을 열다
- 入試の狭き門 입시의 좁은 문

377
□ **もんだい**　問題　문제

- 問題の人物 문제의 인물
- 試験問題 시험문제

JLPT N5 필수단어 | **61**

378
■ や   屋・家   가게, ~집

❖ 米や 쌀 가게
❖ 魚や 생선 가게

379
■ やおや   八百屋   채소를 파는 가게 또는 사람

❖ 八百屋の売り声 야채 장수의 외치는 소리

380
□ やきゅう   野球   야구

❖ 野球の応援 야구응원
❖ 野球に熱狂する 야구에 열광하다

381
□ やくいん   役員   역원, (회사나 단체 등의)간부, 임원

❖ 役員会 중역회
❖ 運動会の役員 운동회의 임원

382
■ やさい   野菜   야채

❖ 野菜炒め 야채 볶음
❖ 野菜サラダ 야채 샐러드

383
■ やすみ   休み   휴식, 휴가

❖ 休み無く働く 쉬지 않고 일하다
❖ 食後の休みを取る 식후의 휴식을 취하다

384
□ やっつ   八つ   여덟

❖ りんごを八つ買う 사과를 여덟개 사다
❖ 八つ年上の人と結婚する
  여덟 살 위인 사람하고 결혼하다

명사

385 やま 山
산
- 山に登る 산에 오르다
- 質問が山ほどある 질문이 산더미처럼 많다

386 ゆうがた 夕方
저녁때, 해질녘 (=夕刻)
- 夕方友人が訪ねて来た 저녁때 친구가 찾아왔다
- 明日の夕方に電話します 내일 저녁때 전화하겠습니다

387 ゆうびんきょく 郵便局
우체국
- 中央郵便局 중앙 우체국
- 郵便局長 우체국장

388 ようふく 洋服
양복, 옷
- 洋服姿 양복 차림
- 誂えの洋服 맞춤 양복

389 よく 翌
다음
- 翌朝 다음날 아침
- 翌年 익년 다음해

390 よくじつ 翌日
익일, 이튿날
- 一晩泊まって翌日帰京した 하룻밤 묵고 다음날 귀경했다
- 翌日も翌々日も雨だった 다음날도 다음다음날도 비가 왔었다

391 よこ 横
옆, 가로, 횡
- 首を横に振る 고개를 가로젓다
- 横から見ても縦から見ても 가로로 보나 세로로 보나 어느 모로 보나

JLPT N5 필수단어 | **63**

392
□ **よっか** 　四日　　4일

- 六月<ruby>四日<rt>ろくがつよっか</rt></ruby> 6월 초나흗날
- <ruby>四日<rt>よっか</rt></ruby>の<ruby>旅<rt>たび</rt></ruby> 4일간의 여행

393
□ **よっつ** 　四つ　　넷, 네개

- <ruby>四つ<rt>よっ</rt></ruby><ruby>年下<rt>としした</rt></ruby> 4살 연하
- <ruby>四つ<rt>よっ</rt></ruby><ruby>葉<rt>ば</rt></ruby>のクローバー 네 잎 클로버

394
■ **らいげつ** 　来月　　다음달, 내월, 내달

- <ruby>来月<rt>らいげつ</rt></ruby>の<ruby>十日<rt>とおか</rt></ruby> 내달의 10일
- <ruby>来月<rt>らいげつ</rt></ruby>の<ruby>二日<rt>ふつか</rt></ruby>に<ruby>会<rt>かい</rt></ruby>がある
  내달 2일에 모임이 있다

395
■ **らいしゅう** 来週　　다음주 (=<ruby>次週<rt>じしゅう</rt></ruby>)

- <ruby>来週<rt>らいしゅう</rt></ruby>の<ruby>日曜日<rt>にちようび</rt></ruby> 내주의 일요일

396
■ **らいねん** 　来年　　내년, 명년

- <ruby>来年<rt>らいねん</rt></ruby>のカレンダーを<ruby>刷<rt>す</rt></ruby>り<ruby>上<rt>あ</rt></ruby>げる
  내년 달력의 인쇄를 마치다
- <ruby>来年<rt>らいねん</rt></ruby>の<ruby>運勢<rt>うんせい</rt></ruby>を<ruby>占<rt>うら</rt></ruby>う 내년의 운수점을 치다

397
■ **りゅうがくせい** 留学生　　유학생

- <ruby>留学生<rt>りゅうがくせい</rt></ruby>を<ruby>家<rt>いえ</rt></ruby>にとめる
  유학생을 집에 숙박시키다
- <ruby>留学生<rt>りゅうがくせい</rt></ruby>を<ruby>迎<rt>むか</rt></ruby>え<ruby>入<rt>い</rt></ruby>れる
  유학생을 받아들이다

398
□ **りゅうこう・はやり** 流行　　유행

- <ruby>若者<rt>わかもの</rt></ruby>の<ruby>間<rt>あいだ</rt></ruby>で<ruby>流行<rt>りゅうこう</rt></ruby>する
  젊은이들 사이에 유행하다
- <ruby>今年<rt>ことし</rt></ruby>の<ruby>流行<rt>はやり</rt></ruby> 올해유행

399
■ **りょうしん** 両親 양친, 부모

❖ 御両親によろしく
부모님께 안부 전해 주세요
❖ 両親にお小遣いを送る
부모님께 용돈을 보내다

400
■ **りょうほう** 両方 양쪽, 쌍방

❖ 海も山も両方とも好きだ
바다도 산도 양쪽 모두 좋아한다
❖ 両方の言い分を聞く
쌍방의 말[주장]을 듣다

401
■ **りょうり** 料理 요리

❖ 中華料理 중국 요리
❖ 一品料理を注文する
일품 요리를 주문하다

402
■ **りょこう** 旅行 여행

❖ 旅行案内 여행 안내
❖ 観光旅行 관광 여행

403
□ **れいぞうこ** 冷蔵庫 냉장고

❖ 冷蔵庫で保存してください
냉장고에서 보존해 주세요
❖ 小型冷蔵庫 소형 냉장고

404
□ **わかもの** 若者 젊은이, 청년

❖ 村の若者 마을의 청년
❖ 若者の特権 젊은이의 특권

405
■ **わたくし** 私 나, 저(가장 격식 차린 말)

❖ 私の用件 사사로운 용건
❖ 私に任せてください 나한테 맡겨 주세요

동사

New JLPT Level 5
일본어능력시험

406
■ **あう** 会う 만나다

- いつもの場所で会う
  여느 때와 같은 곳에서 만나다
- 彼女と会う約束がある
  그녀와 만날 약속이 있다

407
■ **あそぶ** 遊ぶ 놀다, 즐기다

- 近所の空地で遊ぶ 근처의 빈터에서 놀다
- いつでも遊びに来てください
  언제든지 놀러 오세요

408
■ **あびる** 浴びる 몸에 끼얹다, 비난 등을 강하게 받다

- 一風呂浴びる (한 번) 목욕을 하다
- 酒を浴びるほど飲む
  술을 뒤집어쓰도록 마시다

409
■ **あらう** 洗う 씻다, 빨다

- 食器を洗う 식기를 씻다
- 足を洗う ㉠발을 씻다 ㉡부정·불순한일에서 발을 빼다

410
■ **ある** 有る 있다, 존재하다 (=在る)

- あるが尽の姿 있는 그대로의 모습
- ある事無い事言い触らす
  있는 일 없는 일 다 퍼뜨리다

411
■ **あるく** 歩く 걷다

- 駅から歩いて5分 역에서 걸어서 5분
- 歩きながら電話する 걸으면서 통화하다

412
■ **いう** 言う 말하다

❖ 彼の言うことは難しい
그가 말하는 것은 어렵다

❖ もう一度言ってください
한 번 더 말해 주시오

413
■ **いく** 行く 가다, 다니다

❖ 買い物に行く 장보러(쇼핑하러) 가다
❖ 避暑に行く 피서를 가다

414
■ **いれる** 入れる 넣다, 받아들이다

❖ 旅行かばんに衣類を入れる
여행 가방에 옷가지를 넣다

❖ 風を入れる 바람을 들이다

415
■ **うごく** 動く 움직이다, 옮기다

❖ 雲が動く 구름이 움직이다
❖ 影が動く 그림자가 움직이다

416
■ **うたう** 歌う 노래부르다, 지저귀다

❖ 鼻歌を歌う 콧노래를 부르다
❖ 童謡を歌う 동요를 부르다

417
■ **うまれる** 生まれる 태어나다, 출생하다, 탄생하다

❖ 生まれて初めて見る 태어나서 처음 본다
❖ 任地で長男が生まれた
임지에서 장남이 태어났다

418
■ **うる** 売る 팔다, 배신하다, 배반하다

❖ 家を売る 집을 팔다
❖ 情報を売る 정보를 팔다

동사

JLPT N5 필수단어 | **67**

419
■ **おきる**　起きる　일어나다, 기상하다

❖ 毎朝6時に起きる
  매일 아침 6시에 일어나다
❖ 目覚しが鳴っても起きない
  자명종이 울려도 일어나지 않는다

420
■ **おくる**　送る　보내다, 바래다주다

❖ お金を送ってよこす 돈을 부쳐 오다
❖ 手で合図を送る 손으로 신호를 보내다

421
□ **おこる・いかる**　怒る　화내다, 노하다

❖ 怒るとすぐ顔にあらわれる
  화가 나면 곧 얼굴에 나타난다
❖ 先生に怒られた 선생님한테 혼났다

422
■ **おしえる**　教える　가르치다, 알리다

❖ イルカに芸を教える
  돌고래에게 재주를 가르치다
❖ 中学3年生を教える
  중학 3학년생을 가르치다

423
■ **おぼえる**　覚える　기억하다, 익히다

❖ 憤りを覚える 분노를 느끼다
❖ 部下の名前を覚える
  부하의 이름을 기억하다

424
■ **およぐ**　泳ぐ　헤엄치다

❖ 海で泳ぐ 바다에서 헤엄치다
❖ 人ごみの中を泳ぐ 인파 속을 헤쳐 나가다

425
■ **おりる**　降りる　내려오다

❖ 山から降りる 산에서 내려오다[내려가다]
❖ 階段を降りる 계단을 내려오다[내려가다]

426
■ **おわる** 終わる 끝나다

❖ 仕事が終わる 일이 끝나다
❖ 一生が終わる 일생이 끝나다, 죽다

427
■ **かえす** 返す 돌려주다, 반환하다

❖ お金を返す 빌린 돈을 돌려주다
❖ 拾った物を持ち主に返す
주운 물건을 임자에게 돌려주다

428
■ **かえる** 帰る 돌아가다, 돌아오다

❖ 家に帰る 집으로 돌아오다
❖ 故郷に帰る 고향으로 돌아가다

429
■ **かかる** 掛かる 걸리다, 처리를 맡기다

❖ 天井にくもの巣が掛かっている
천장에 거미줄이 걸려 있다
❖ 壁に絵が掛かっている
벽에 그림이 걸려 있다

430
■ **かける** 掛ける 걸다

❖ 電話を掛ける 전화를 걸다
❖ 鍵を掛ける 자물쇠를 걸다

431
■ **かす** 貸す 빌려주다, 꾸어주다

❖ 金を貸す 돈을 꾸어주다
❖ 家を貸してもらう 집을 빌리다

432
■ **かぶる** 被る 머리에 쓰다, 뒤집어쓰다

❖ 帽子を被る 모자를 쓰다
❖ 仮面を被る 가면을 쓰다

동사

JLPT N5 필수단어 | **69**

433
■ **かりる**   借りる   빌리다, 꾸다

❖ 本を借りる 책을 빌리다
❖ 金を借りる 돈을 꾸다

434
■ **きえる**   消える   사라지다, 꺼지다

❖ 姿が消える 모습이 사라지다
❖ すべては煙と消えた
모든 것은 연기처럼 사라졌다

435
■ **きる**   切る   자르다, 베다

❖ 大根を切る 무를 자르다
❖ 首を切る 목을 베다, 해고하다

436
■ **くもる**   曇る   흐리다, 흐려지다

❖ 急に空が曇る 별안간 하늘이 흐려지다
❖ 一日中曇っていた 하루 종일 흐려 있었다

437
■ **くる**   来る   오다, 찾아오다

❖ 客が来る 손이 (찾아)오다
❖ 遠くから来た客 먼 곳에서 온 손

438
■ **けす**   消す   끄다, 지우다

❖ 火を消す 불을 끄다
❖ 電灯を消す 전등을 끄다

439
■ **こまる**   困る   곤란하다, 난처하다

❖ 寒くて困る 추워서 곤란하다
❖ 返事に困る 답변하기에 어려움을 겪다

440
□ **しぬ**　死ぬ　죽다
- 病気で死ぬ 병으로 죽다
- 彼が死んでから10年になる
  그가 죽은 지 10년이 되었다

441
□ **しまる**　閉まる　닫히다
- かちっと戸が閉まる
  제꺽 하고 문이 닫히다
- 風も無いのに独りでにドアが閉まる
  바람도 없는데 저절로 문이 닫히다

442
■ **しる**　知る　알다, 이해하다
- 事件を知る 사건을 알다
- 彼の秘密を知る 그의 비밀을 알다

443
■ **すう**　吸う　들이마시다, 피우다
- 空気を吸う 공기를 들이마시다
- たばこを吸う 담배를 피다

444
■ **すわる**　座る　앉다
- 上座に座る 상석에 앉다
- きちんと[どっかと]座る
  단정하게[털썩] 앉다

445
□ **そそぐ・つぐ**　注ぐ　붓다, 따르다
- 子供に愛情を注ぐ 자식에게 애정을 쏟다
- 優雅なしぐさでお茶を注ぐ
  우아한 태도로 차를 따르다

446
□ **だく・いだく**　抱く　안다, (마음속에) 품다, 껴안다
- 夢を抱く 꿈을 품다
- かき抱く 얼싸안다

447
- **たつ** 立つ 서다, 일어서다, 작업용 접사다리
  - ❖ 居ても立ってもいられない 앉아 있지도 서 있지도 못하다, 안절부절 못하다
  - ❖ 正義のために立つ 정의를 위해 일어서다

448
- **たのむ** 頼む 부탁하다, 맡기다
  - ❖ 金を貸してくれと頼む 돈을 꾸어 달라고 부탁하다
  - ❖ 頼むから教えてくれ 부탁이니 가르쳐 다오

449
- **たべる** 食べる 먹다
  - ❖ 食べることができない 먹질 못한다
  - ❖ 食べたり飲んだり 먹거나 마시거나

450
- **ちがう** 違う 다르다, 틀리다
  - ❖ 好みが違う 기호가 다르다
  - ❖ 意見が違う 의견이 다르다

451
- **つかう** 使う 사용하다, 이용하다, 소비하다
  - ❖ 人を使うのが上手い 사람을 부리는 것이 능숙하다
  - ❖ 店で使っていただけませんか 가게에서 고용해 주지 않겠습니까?

452
- **つかれる** 疲れる 지치다, 피로하다
  - ❖ 生活に疲れる 생활에 지치다
  - ❖ 目が疲れる 눈이 피로해지다

453
- **つける** 켜다, 달다, 조심하다
  - ❖ 火をつける 불을 붙이다
  - ❖ テレビをつける 텔레비전을 켜다

454
■ **つくる** 作る 만들다, 제작하다, 설립하다
- 時計を作る 시계를 만들다
- 会社を作る 회사를 만들다

455
■ **つとめる** 勤める 근무하다 (=務める)
- 看護婦として勤めている 간호사로 근무하고 있다
- 商事会社に勤める 상사 회사에 근무하다

456
■ **でかける** 出掛ける 외출하다, 나가다
- 5時に出掛ける予定 5시에 떠날 예정
- 買物に出掛ける 장보러 나가다

457
■ **できる** 出来る 할 수 있다, 생기다, 나다
- 英語が出来る 영어를 할 줄 안다
- 近くに大きいスーパーが出来た 가까이에 큰 슈퍼가 생겼다

458
■ **でる** 出る 나가다, 나오다, 나타나다
- 庭に出る 뜰로 나가다
- 部屋から一歩も外に出ない 방에서 한 발짝도 밖으로 나가지 않다

459
■ **とまる** 止まる 정지하다, 끊어지다 (=とどまる)
- 騒音がばったりと止まった 소음이 뚝 그쳤다
- 歯の痛みは止まりましたか 치통은 멎었습니까?

460
■ **とる** 撮る 사진을 찍다
- 彼は花の写真を撮るのが趣味だ 그는 꽃의 사진을 찍는 것
- 山を背景にして写真を撮る 산을 배경으로 사진을 찍다

461
■ **なく** 鳴く 새, 짐승, 벌레 등이 울다

❖ 秋の夜に虫が鳴いている
가을 밤에 벌레가 울고 있다
❖ 空腹で腹の虫が鳴く
공복으로 뱃속에서 꾸르륵 소리가 난다

462
■ **ならぶ** 並ぶ 나란히 서다, 늘어서다

❖ 一列に並ぶ 한 줄로 줄서다
❖ 日曜と祝日が並ぶ
일요일과 경축일이 잇따르다

463
■ **ならべる** 並べる 나란히 하다, 물건 등을 진열하다

❖ 店頭に並べる 가게 앞에 죽 늘어놓다
❖ 机を並べる 책상을 나란히 하다

464
■ **ぬぐ** 脱ぐ 벗다

❖ 帽子を脱ぐ 모자를 벗다
❖ 洋服を脱ぐ 양복을 벗다

465
■ **のむ** 飲む 마시다

❖ 酒を飲む 술을 마시다
❖ 薬を飲む 약을 먹다

466
■ **のる** 乗る 타다, 올라가다, 기회를 타다

❖ 馬に乗る 말을 타다
❖ 汽車に乗る 기차를 타다

467
■ **はいる** 入る 들어간다

❖ 数に入る
축에 들다, 동류 중에서 수준급 이상에 끼다
❖ 家庭に入る 가정으로 들어가다

468
■ **はじまる** 始まる **시작되다**

❖ 新学期が始まる 새학기가 시작되다
❖ 試合が始まる 시합이 시작되다

469
■ **はしる** 走る **달리다**

❖ 医者を呼びに走る 의사를 부르러 달리다
❖ 子供たちが走ってきた
아이들이 달려왔다

470
■ **はたらく** 働く **일하다, 작용하다**

❖ 働き過ぎて体を壊した
일을 너무 해서 건강을 해쳤다
❖ 理性が働く 이성이 작용하다

471
■ **はなす** 話す **말하다, 의논하다**

❖ 大声で話す 큰소리로 말하다
❖ 英語で話す 영어로 이야기하다

472
■ **はれる** 晴れる **개다, 상쾌해지다**

❖ 或る晴れた朝 어떤 갠 날 아침
❖ 霧が晴れる 안개가 걷히다

473
■ **ひく** 引く **끌다, 당기다, 빼다**

❖ 綱を引く 밧줄을 당기다
❖ 辞書を引く 사전을 찾다

474
□ **みがく** 磨く **(문질러)닦다, 연마하다**

❖ ぴかぴかに磨かれた床
반짝반짝하게 닦인 마루
❖ 歯を磨く 이를 닦다

475
■ **みせる** 見せる 보이다, 보여주다

❖ 絵本を友達に見せてやる
그림책을 친구에게 보여 주다
❖ 定期券を駅員に見せる
정기권을 역원에게 내보이다

476
■ **みる** 見る 보다, 살피다, 관찰하여 판단하다, ~해 보다

❖ 彼女にアプローチして見る
그녀에게 접근해 보다
❖ 子供を見る 어린아이를 돌보다

477
■ **もつ** 持つ 가지다, 들다, 소유하다

❖ 意欲を持つ 의욕을 가지다
❖ 友達の肩を持つ 친구의 편들다

478
■ **やく** 焼く 태우다, 굽다, 애태우다, 달구다

❖ 古い手紙を焼く 낡은 편지를 태우다
❖ 子供の世話に手を焼く
아이 돌봄에 애먹다

479
□ **やすむ** 休む 쉬다, 그만두다

❖ 休みながら一服しよう
쉬면서[휴식하면서] 한 대 피우자
❖ 休む暇も無い 쉴사이[틈]도 없다

480
□ **よぶ** 呼ぶ 부르다

❖ 名前を呼ぶ 이름을 부르다
❖ 夕食に呼ぶ 저녁 식사에 초대하다

481
□ **よむ** 読む 읽다

❖ 手紙を読む 편지를 읽다
❖ 説明書を読む 설명서를 읽다

482
■ **わかる** 分(か)る 알다, 이해하다

❖ 味の分かる人 맛을 아는 사람
❖ 居場所が分かる 있는 곳을 알다

483
■ **わすれる** 忘れる 잊다, 깨닫지 못하다

❖ 英語の単語を忘れる 영어 단어를 잊다
❖ 恩を忘れる 은혜를 잊다

484
■ **わたす** 渡す 건네주다, 놓다, 걸치다

❖ 船で人を渡す 배로 사람을 건네다
❖ 犯人を警察に渡す 범인을 경찰에 넘기다

485
■ **わたる** 渡る 건너다

❖ 道を渡る 길을 건너다
❖ 橋を渡る 다리를 건너다

TIP

• 知る(しる)와 分(わ)かる의 차이
知る는 어떤 것에 대한 지식, 정보 등을 획득하는 것이고, 分かる는 어떤 것에 대하여 그 내용, 실정, 정체, 본질 등을 조사하여 파악한다.

な형용사 — New JLPT Level 5 일본어능력시험

486
□ **あんぜんだ** 安全だ 안전하다
- 安全な場所 안정한 장소
- 安全な方法 안전한 방법

487
■ **いやだ** 嫌だ 싫다, 불쾌하다
- たばこの煙が嫌だ 담배 연기가 싫다
- 単調な仕事が嫌になった 단조로운 일이 싫어졌다

488
□ **いろいろだ** 色々だ 여러가지다
- 色々な物を買う 여러 가지 물건을 사다
- 色々の経験をしてきた 갖가지 경험을 해 왔다

489
■ **おなじだ** 同じだ 같다
- 背の高さがほぼ同じだ 키가 그만그만하다
- これとそれは同じだ 이것과 그것은 같다

490
□ **かのうだ** 可能だ 가능하다
- この計画は実行可能だ 이 계획은 실행이 가능하다
- 可能な限り努力する 가능한 한 노력하다

491
■ **きゅうだ** 急だ 급하다, 빠르다, 갑작스럽다
- 急な流れ 빠른 흐름
- 急に現われる 갑자기 나타나다

492
- **きらいだ** 嫌いだ　싫다, 싫어하다 (↔好きだ)
  - ❖ 好き嫌いをいう 좋으니 싫으니 하고 투정을 하다, 좋아하는 것만을 밝히다
  - ❖ 嫌いな学科が多い 싫은 학과가 많다

493
- **ぐたいてきだ** 具体的だ　구체적이다
  - ❖ 具体的な例を挙げる 구체적인 예를 들다
  - ❖ 現実の具体的な事物 현실의 구체적인 사물

494
- **けっこうだ** 結構だ　훌륭하다, 만족스럽다, 이제 됐다
  - ❖ 結構な陽気になりました 좋은 날씨가[계절이] 되었습니다
  - ❖ もう結構です 이젠 됐습니다

495
- **こんな**　이러한, 이런
  - ❖ こんなふうに 이런 식으로
  - ❖ こんな事をしてはいけない 이런 짓을 하면 안 된다

496
- **しずかだ** 静かだ　조용하다
  - ❖ 静かな湖 고요한 호수
  - ❖ 静かにしろ 조용히 해라

497
- **じゅうぶんだ** 充分・十分だ　충분, 충분하다
  - ❖ 充分な養分 충분한 양분
  - ❖ 充分に話し合う 충분히 대화하다

498
- **じょうずだ** 上手だ　잘하다, 능숙하다 (↔下手だ)
  - ❖ 上手に選ぶ 잘 고르다
  - ❖ 泳ぎが上手だ 헤엄을 잘 친다

499
■ **じょうぶだ** 丈夫だ 튼튼하다, 건강하다

❖ 生まれつき丈夫だ 선천적으로 건강하다
❖ 丈夫な靴下 튼튼한 양말

500
■ **すきだ** 好きだ 좋아하다(↔嫌いだ)

❖ 映画が好きになる 영화가 좋아지다
❖ 僕は登山が好きだ 나는 등산을 좋아한다

501
■ **だいじょうぶだ** 大丈夫だ 괜찮다, 염려없다

❖ ぬらしても大丈夫な時計
　물에 적셔도 안전한 시계
❖ 大丈夫だよ、心配はいらないよ
　괜찮다, 걱정할 것 없다

502
■ **だいすきだ** 大好きだ 아주 좋아하다(↔大嫌いだ)

❖ 大好きな曲 아주 좋아하는 곡
❖ 甘い物は大好きだ 단것은 아주 좋아한다

503
■ **たいせつだ** 大切だ 소중하다, 중요하다

❖ この点が大切だ 이 점이 중요하다
❖ 健康ほど大切なものは無い
　건강만큼 소중한 것은 없다

504
■ **たいへんだ** 大変だ 대단하다, 힘들다

❖ 大変な費用 엄청난 비용
❖ それは大変だ 그건 큰일이다

505
□ **たくさんだ** 沢山だ 많다

❖ 沢山のお金 많은 돈
❖ 沢山の友人ができる 많은 친구가 생기다

506
□ **とくべつだ** 特別だ 특별하다

❖ 特別なお客だ 특별한 손님이다.
❖ この夏は特に暑い 올여름은 특히 덥다

507
■ **どんな** 무슨, 어떠한

❖ どんな事でもする 어떤 일이라도 하다
❖ 相手はどんな男だ 상대는 어떤 남자인가?

508
□ **にぎやかだ** 번화하다, 흥청거리다

❖ にぎやかな町 번화한 거리
❖ ここの商店街はいつもにぎやかだ
이곳 상점가는 언제나 흥청거린다

509
■ **ひまだ** 暇だ 한가하다

❖ 暇な人 한가한 사람
❖ 暇な時 한가한 때

510
■ **へんだ** 変だ 이상하다

❖ 何が変だ 뭔가 이상하다
❖ 変な話 이상한 이야기

511
■ **へただ** 下手だ 서툴다(↔上手だ), 못하다

❖ 下手な歌を聞かせる
서투른 노래를 들려주다
❖ 下手な字を書く 서투른 글씨를 쓰다

512
■ **べんりだ** 便利だ 편리하다(↔不便だ)

❖ 生活に便利な道具 생활에 편리한 도구
❖ 銭湯が近いので便利だ
목욕탕[대중탕]이 가까워서 편리하다

JLPT N5 필수단어 | **81**

513
□ ほんかくてきだ 本格的だ 본격적이다

❖ 本格的な梅雨時になった
  본격적인 장마철이 되었다
❖ 本格的に中国語を習い始めた
  본격적으로 중국어를 배우기 시작했다

514
■ ゆうめいだ 有名だ 유명하다

❖ 有名な作家 유명한 작가
❖ 札幌は雪祭りで有名だ
  삿포로는 눈축제로 유명하다

515
■ りっぱだ 立派だ 훌륭하다, 뛰어나다

❖ 外面だけは立派だ 외양만은 훌륭하다
❖ 立派な人格 훌륭한 인격

TIP

- 立派(りっぱ)だ와 すばらしい의 차이
  立派(りっぱ)だ는 객관적인 시각으로 느끼는 것을 나타내고, すばらしい는 감동이나 칭찬 등의 감정이 함축된 표현을 나타낸다.

い형용사

New JLPT Level 5

516
■ あおい 青い 파랗다

- 青い目の人形 파란 눈의 인형
- 青い空 푸른 하늘

517
■ あかい 赤い 빨갛다

- 赤いばら 붉은 장미
- 夕焼けが赤い 저녁놀이 붉다

518
■ あかるい 明るい 밝다

- 月が明るい 달이 밝다
- 明るいうちにお帰りなさい
  밝을 때[어둡기 전에] 돌아와요

519
■ あたたかい 暖かい 따뜻하다

- 暖かいごはん 따뜻한 밥
- 部屋が少しも暖かくない
  방이 조금도 따뜻하지 않다

520
■ あたらしい 新しい 새롭다

- 新しい話 새로운 이야기
- 新しく英語を始める
  새로 영어를 (공부하기) 시작하다

521
■ あぶない 危ない 위험하다

- 危ない目にあう 위험한 경우를 당하다
- 危ない感じがする 위태로운 느낌이 들다

JLPT N5 필수단어 | **83**

522
■ **あまい**　甘い　　맛이 달다

❖ 甘い菓子 단 과자
❖ 甘い味がする 단맛이 나다

523
■ **いい**　　　　　　좋다(=よい)

❖ いい案が浮かぶ 좋은 생각이 떠오르다
❖ 頭がいい[悪い] 머리가 좋다[나쁘다]

524
■ **いそがしい** 忙しい　바쁘다(↔暇だ)

❖ 忙しい毎日 바쁜 나날
❖ 忙しくて本も読めない
바빠서 책도 못 읽는다

525
■ **いたい**　痛い　　아프다, 고통스럽다

❖ のどが腫れて痛い
목구멍이 부어서 아프다
❖ 5千円の会費とは痛い
회비가 5천 엔이라니 속이 쓰리다

526
■ **うすい**　薄い　　얇다(↔厚い), 엷다, 싱겁다(↔濃い)

❖ 薄い紙 얇은 종이
❖ 味が薄い 맛이 싱겁다

527
■ **うつくしい**　美しい　아름답다

❖ 美しい女 아름다운 여자
❖ 美しい庭 아름다운 정원

528
■ **おいしい**　美味しい　맛있다

❖ 美味しいお菓子 맛있는 과자
❖ 魚の美味しい店 생선 맛이 좋은 음식점

529
■ **おおきい** 大きい 면적, 규모, 체적 등이 크다(↔ちいさい)

❖ 幅が大きい 폭이 크다
❖ 穴が大きい 구멍이 크다

530
■ **おそい** 遅い 늦다, 느리다(↔早い, 速い)

❖ テンポが遅い 템포가 느리다
❖ 理解が遅い 이해가 더디다

531
■ **おもい** 重い 무겁다(↔軽い)

❖ 重い足取 무거운 발걸음
❖ 口が重い 입이 무겁다

532
■ **おもしろい** 面白い 재미있다, 흥미롭다

❖ 面白い小説 재미있는 소설
❖ よく面白い冗談をいう人
우스운 농담을 잘 하는 사람

533
■ **からい** 辛い 맵다, 짜다(↔甘い)

❖ 辛いカレー 매운 카레
❖ 点が辛い 점수가 짜다

534
■ **かるい** 軽い 가볍다(↔重い)

❖ 軽い靴 가벼운 신발
❖ 荷物が軽い 짐이 가볍다

535
■ **かわいい** 可愛い 귀엽다

❖ 可愛い顔 귀여운 얼굴
❖ 可愛い小犬 귀여운 강아지

い形容詞

536
■ **きいろい** 黄色い 노랗다, (목소리가) 새되다

❖ くちばしが黄色い 부리가 노랗다
❖ 黄色い声をあげる 새된 소리를 지르다

537
■ **きたない** 汚い 더럽다, 비겁하다, 인색하다

❖ 汚い手 더러운 손
❖ 汚い字を書く 글씨를 지저분하게 쓰다

538
■ **くろい** 黒い 검다 (↔白い)

❖ 黒い雲 검은 구름
❖ 靴下が黒くなる 양말이 더러워지다

539
■ **さむい** 寒い 춥다 (↔暑い)

❖ 寒い冬 추운 겨울
❖ 寒くてたまらない 추워서 못견디겠다

540
■ **すずしい** 涼しい 선선하다, 시원하다 (↔暖かい)

❖ めっきり涼しくなった 부쩍 선선해졌다
❖ すずしい秋風 시원한 가을 바람

541
□ **しろい** 白い 희다, 하얗다

❖ 白い花 흰 꽃
❖ 色が白い 색이 희다

542
■ **せまい** 狭い 좁다 (↔広い)

❖ 狭い部屋 좁은 방
❖ 庭が狭い 마당이 좁다

543
□ **たのしい** 楽しい 즐겁다

❖ 楽しい音楽 즐거운 음악
❖ 旅の楽しい思い出 여행의 즐거운 추억

544
■ **ちいさい** 小さい 작다(↔大きい)

❖ 小さい村 작은 마을
❖ 損害は小さくない 손해는 작지 않다

545
□ **ちかい** 近い 가깝다(↔遠い)

❖ 近い距離 가까운 거리
❖ 近い将來 가까운 장래

546
■ **つめたい** 冷たい 차갑다(↔熱い), 냉정하다

❖ 手足が冷たい 수족이 차다
❖ 風が冷たい 바람이 차다

547
■ **つよい** 強い 강하다(↔弱い), 강인하다

❖ 力が強い 힘이 세다
❖ 酒に強い 술이 세다

548
■ **とおい** 遠い 멀다(↔近い)

❖ 駅からかなり遠い所 역에서 꽤 먼 곳
❖ 山のかなたの空遠く 산 저쪽 하늘 멀리

549
■ **ない** 없다

❖ 幽霊なんてない 유령 따위는 없다
❖ 部屋に家具がない 방에 가구가 없다

い형용사

JLPT N5 필수단어 | **87**

550
■ **はやい** 早い·速い 이르다, 빠르다(↔遅い)

❖ 早く反応する 빨리 반응하다
❖ 早く走る 빨리 달리다

551
■ **ひくい** 低い 낮다(↔高い), 작다

❖ 低い山 낮은 산
❖ 背が低い 키가 작다

552
■ **ひろい** 広い 넓다(↔狭い)

❖ 広い世界を舞台にする
  넓은 세계를 무대로 하다
❖ 広い袖を詰める 넓은 소매를 좁히다

553
■ **ふとい** 太い 굵다(↔細い)

❖ 太い綱 굵은 밧줄
❖ 太い足 굵은 다리

554
□ **ふるい** 古い 오래되다, 낡다

❖ 古い友達 오래 사귄 친구
❖ 古い建物 낡은 건물

555
■ **ほしい** 欲しい 원하다, 갖고 싶다

❖ 金が欲しい 돈이 필요하다
❖ 何も欲しくない 아무것도 갖고 싶지 않다

556
■ **ほそい** 細い 좁다(↔太い)

❖ 細い字 잗다란 글씨
❖ 細い道 좁은 길

557
■ **まずい** 　　　　　　맛없다(↔旨い), 일이 잘못되다

- まずくて食べられない
  맛이 없어서 먹을 수 없다
- まずい事態になる 난처한 사태가 되다

558
■ **まるい**　　丸い　　둥글다(↔四角い)

- 丸い地球 둥근 지구
- 人間が丸くなる 사람이 원만해지다

559
■ **みじかい**　短い　　짧다(↔長い)

- 短い期間 짧은 기간
- 髪を短く切る 머리를 짧게 자르다

560
■ **むずかしい**　難しい　　어렵다(↔易しい)

- 難しい問題 어려운 문제
- この書物は難しい 이 책은 어렵다

561
■ **やすい**　　安い　　싸다(↔高い)

- どこよりも安い店 어디보다도 싼 가게
- 物価が安い 물가가 싸다

562
■ **わかい**　　若い　　어리다, 젊다

- 若い人 젊은 사람
- 気が若い 마음이 젊다

563
■ **わるい**　　悪い　　나쁘다(↔良い)

- 行儀の悪い子 예절이 바르지 못한 아이
- 悪かったと謝る 잘못했다고 사과하다

い형용사

부사 — New JLPT Level 5 일본어능력시험

564
□ **おおく**　多く　　대체로, 대개는, 흔히

❖ 正直者は多く人に好かれる
　정직한 사람은 대개 호감을 받는다

❖ 多くいるタイプの男
　흔히 볼 수 있는 모습의 남자

565
□ **おもに**　主に　　주로

❖ 夜は主にテレビを見ている
　밤에는 주로 주로 TV를 보고 있다

❖ 主に若い人が集まる
　주로 젊은 사람이 모인다

566
■ **しかし**　　그러나, 하지만

❖ お金は多い しかし使う時間がない
　돈은 많다 그러나 쓸 시간이 없다

❖ 品物は良い しかし値段が高い
　물건은 좋다 그러나 값이 비싸다

567
■ **すこし**　少し　　조금, 약간

❖ 少し早すぎる 좀 이르다

❖ お昼少しすぎ 한낮이 조금 지남

568
■ **たいてい**　大抵　　대개, 대부분

❖ 事の大抵を知る 일의 대강을 알다

❖ あの本なら大抵覚えている
　그 책이라면 대부분 외고 있다

569
■ **だんだん**　　점점, 차차

❖ だんだんと夜が明けてくる
　점차 날이 밝아오다

❖ だんだん寒くなる 점점 추워지다

570 ちょっと
조금, 잠깐

- ちょっと休もう 잠깐 쉬자
- ちょっとお掛けなさい 잠시 앉으세요

571 つねに 常に
늘, 항상

- 君は常に若々しい
  자네는 항상 젊음에 넘쳐 있다
- 健康には常に気をつけている
  건강에는 늘 조심하고 있다

572 どうして
왜, 어째서, 무슨 이유로, 어떻게

- どうして良いか分からない
  어떻게 해야 좋을지 모르겠다
- どうして黙っているのか
  왜 잠자코 있는 거냐

573 どうぞ
아무쪼록, 부디, 어서

- どうぞお先へ
  어서 먼저 가십시오[하십시오]
- どうぞ使ってください
  어서[사양 마시고] 쓰십시오

574 どうも
도무지, 아무리 해도, 정말

- どうもうまくいかない
  아무리 해도 잘 되지 않는다
- どうもありがとうございます
  정말 감사합니다

575 ときどき 時々
가끔, 때때로, 그때그때

- 時々訪ねる 때때로 방문하다
- 時々言い違いをする 가끔 잘못 말하다

576 とても
대단히, 도저히, 아무리 해도, 몹시

- 今日はとても湿度が高い
  오늘은 몹시 습도가 높다
- 一人ではとても食べ切れない
  혼자서는 도저히 다 먹을 수 없다

577
□ **なぜ・なにゆえ** 왜, 어째서

❖ なぜ泣くのか 어째서 우느냐
❖ なにゆえに欠席したのか
무엇 때문에 결석했느냐?

578
■ **はじめて** 初めて 처음으로, 비로소

❖ 初めて知りました 처음으로 알았습니다
❖ その話は初めて聞いた
그 이야기는 처음으로 들었다

579
■ **まだ** 아직, 지금껏

❖ まだ雨が降っている
아직도 비가 오고 있다
❖ まだ8時前だ 아직 8시 전이다

580
■ **また** 又 또, 다시

❖ いずれ又伺います
언젠가 다시[또] 찾아뵙겠습니다
❖ 又雪が降った 또(다시) 눈이 왔다

581
■ **もう** 더, 이미, 벌써

❖ もう正午か 벌써 정오인가
❖ もうここにはいません
이미 이곳에는 없습니다

582
■ **もちろん** 물론, 말할 것도 없이

❖ もちろん行くよ 물론 가지
❖ 勝利はもちろん我が物だ
승리는 말할 것도 없이 우리 것이다

583
■ **ゆっくり** 천천히

❖ ゆっくり歩く 천천히 걷다
❖ ゆっくり立ち上がる 천천히 일어서다

• 외래어 • New JLPT Level 5

584
■ **アクセル** 악셀, 가속장치

❖ アクセルを踏む 액셀을 밟다
❖ アクセルとブレーキ 엑셀과 브레이크

585
■ **アパート** 아파트

❖ アパートを分譲する 아파트를 분양하다
❖ アパートを建築する 아파트를 건축하다

586
□ **エスカレーター** 에스컬레이터

❖ エスカレーター式の大学
　에스컬레이터식 대학

❖ エスカレーターで上がる
　에스컬레이터로 올라가다

587
□ **カセット** 카세트

❖ カセットテープ 카세트 테이프
❖ 古いカセットを捨てる
　낡은 카세트를 버리다

588
□ **カバー** 커버

❖ 布団カバー 옷잇
❖ 本のカバーを取る 책의 커버를 벗기다

589
■ **カメラ** 카메라

❖ 水中カメラ 수중 카메라
❖ デジタルカメラ 디지탈 카메라

590
□ カレンダー

캘린더

❖ カレンダーの絵を切り取る
달력의 그림을 잘라내다
❖ 来年のカレンダーを刷り上げる
내년 달력의 인쇄를 마치다

591
■ キロ

킬로

❖ 駅まで5キロの道程 역까지 5km의 거리
❖ 1キロ当たり3000円 킬로당 3,000엔

592
■ クラス

클래스

❖ クラス会 학급회
❖ 長官クラス 장관 급

593
■ グラム

그램, 무게의 단위

❖ 1グラム 일 그램
❖ 正味500グラム 정량 500g

594
■ コップ

컵

❖ コップががちゃんと割れる
컵이 우지끈 깨지다
❖ コップを伏せて置く 컵을 엎어놓다

595
■ コート

코트

❖ レーンコート 레인 코트
❖ 毛皮のコート 모피 코트

596
□ コーヒー

커피

❖ コーヒーを濃い目にいれる
커피를 약간 진하게 타다
❖ コーヒーをちびちびすする
커피를 홀홀 마시다

597
■ シャツ   셔츠

❖ アンダーシャツ 언더 셔츠
❖ ランニングシャツ 러닝셔츠

598
■ スカート   스커트

❖ ロングスカート 롱스커트
❖ スカートをはく 스커트를 입다

599
■ ストーブ   스토브

❖ ストーブに薪をくべる
   난로에 장작을 지피다
❖ ストーブにあたる 난로를 쬐다

600
■ スプーン   스푼

❖ ティースプーン 티스푼
❖ テーブルスプーン
   테이블 스푼, 수프용의 큰 숟가락

601
■ スポーツ   스포츠

❖ スポーツマン精神 스포츠맨 정신
❖ スポーツ医学 스포츠 의학

602
■ ズボン   바지

❖ ズボンを履く 바지를 입다
❖ ズボンに折り目をつける
   바지에 주름을 잡다

603
■ スリッパ   슬리퍼

❖ 足にスリッパを引っ掛ける
   발에 슬리퍼를 꿰다
❖ スリッパラック 슬리퍼 래크

외래어

604
■ セ-タ-
스웨터

❖ とっくりのセーター 자라목 스웨터
❖ ウールのセーター 울 스웨터

605
□ ゼリ-
젤리

❖ ローヤルゼリー 로열 젤리 왕유

606
□ タイプ
타입

❖ 新しいタイプの車 새로운 형의 차
❖ 私の好きなタイプの女性
내가 좋아하는 타입의 여성

607
■ タクシ-
택시

❖ タクシー乗り場 택시 타는 곳
❖ タクシー料金 택시 요금

608
■ テスト
테스트

❖ 性能をテストする 성능을 검사하다
❖ テストを受ける 테스트를 받다

609
■ デパ-ト
백화점

❖ デパートの中をうろうろする
백화점 안을 알짱거리다
❖ デパートの屋上の遊園地
백화점의 옥상 유원지

610
■ テ-プ
테이프

❖ ビデオテープ 비디오 테이프
❖ ステージの歌手にテープを投げる
무대의 가수에게 테이프를 던지다

611 テーブル
테이블, 탁자

- メイン<u>テーブル</u> 메인 테이블 주빈석
- 全員<u>テーブル</u>につく 전원 식탁에 앉다

612 テレビ
텔레비전

- <u>テレビ</u>を視聴する 텔레비전을 시청하다
- 通俗的な<u>テレビ</u>番組 통속적인 텔레비전 프로그램

613 ドア
문

- 自動<u>ドア</u> 자동 도어
- 回転<u>ドア</u> 회전 도어

614 トイレ
화장실

- 婦人用<u>トイレ</u> 여자용 화장실
- <u>トイレ</u>に行く 변소에 가다

615 ナイフ
나이프

- フォークと<u>ナイフ</u> 포크와 나이프
- バター<u>ナイフ</u> 버터 나이프

616 ニュース
뉴스

- <u>ニュース</u>解説 뉴스 해설
- 本年度の10大<u>ニュース</u> 금년도의 십대 뉴스

617 ネクタイ
넥타이

- <u>ネクタイ</u>を締める 넥타이를 매다
- 蝶<u>ネクタイ</u> 나비 넥타이

외래어

JLPT N5 필수단어 | **97**

618
■ ノート
노트

❖ サブノートを作る 보조 노트를 만들다

❖ ノートに書く 공책에 적다

619
■ バス
버스

❖ バスで通学する 버스로 통학하다

❖ 観光バスに乗る 관광 버스를 타다

620
■ バター
버터

❖ ピーナッツバター 피너츠 버터(땅콩 버터)

❖ バターより大砲 버터보다 대포, 국민 생활보다 군비 확장을 중시함

621
■ パーティー
파티

❖ ダンスパーティー 댄스파티

❖ パーティーのホステス役をつとめる 파티의 여주인역을 맡아하다

622
■ パン
빵

❖ クリームパン 크림빵

❖ 焼き立てのパン 갓 구운 빵

623
■ ハンカチ
손수건

❖ 白いハンカチ 하얀 손수건

❖ ハンカチを振る 손수건을 내흔들다

624
■ フィルム
필름

❖ フィルムに収める 필름에 담다

❖ フィルムを現像する 필름을 현상하다

625 ■ フォーク
포크

❖ フォークとナイフ 포크와 나이프

❖ フォーク歌手 포크 송 가수

626 ■ プール
풀, 수영장

❖ プール開き 풀 개장

❖ プールサイド 풀 사이드

627 ■ ページ
페이지

❖ ページの狂っている本
페이지가 뒤바뀐 책

❖ このページには重要な事が書かれている
이 페이지에는 중요한 것이 씌어 있다

628 □ ペン
펜

❖ 鉛筆又はペンで書け
연필 또는 펜으로 써라

❖ キャップのついたボールペン
뚜껑 달린 볼펜

629 ■ ベッド
침대

❖ 気が付いたら病院のベッドに寝かされていた 정신이 들고 보니 병원의 침대에 뉘어져 있었다

❖ ダブルベッド 2인용 침대

630 ■ ポケット
포켓, 주머니

❖ 内ポケット 안 주머니

❖ このポケットは飾りだ
이 호주머니는 겉치레로 단 것이다

631 ■ ホテル
호텔

❖ 一流ホテル 일류 호텔

❖ ホテルに泊まる 호텔에 묵다

외래어

632
□ ボール
볼

- ボールを投げる 볼을 던지다
- ボールを打ち飛ばす 공을 쳐내다

633
■ ボールペン
볼펜

- ボールペンで書く 볼펜으로 쓰다
- 三色ボールペン 3색 볼펜

634
□ マスコミ
매스컴

- マスコミの影響 매스컴의 영향
- マスコミのキャンペーンに呼応する
  매스컴의 캠페인에 호응하다

635
■ マッチ
성냥

- マッチ箱のように見える家
  성냥갑처럼 보이는 집
- マッチ棒 성냥개비

636
■ レコード
레코드

- レコードプレーヤー 레코드 플레이어
- レコードを更新する 기록을 갱신하다

637
■ レストラン
레스토랑

- レストランのマネージャー
  레스토랑의 지배인
- 家庭的な雰囲気のレストラン
  가정적인 분위기의 레스토랑

638
■ ワイシャツ
와이셔츠

- 真っさらのワイシャツ 새 와이셔츠
- 襟垢のついたワイシャツ
  옷깃에 때가 묻은 와이셔츠

기타

639
いらっしゃいませ [경어] 어서 오십시오(가게에서)

* いらっしゃいませ 어서 오십시오

640
おねがいします [경어] 부탁합니다

* ご連絡をお願いします
  연락해 주시기 바랍니다

641
おはようございます [경어] 안녕하세요.

* 先生おはようございます
  선생님, 안녕하세요

642
おやすみなさい [경어] 안녕히 주무세요.

* おやすみなさい
  안녕히 주무세요

643
ください [경어] ~해 주십시오

* よくお読みください 잘 읽어 주십시오
* 後でご確認ください
  나중에 확인주십시오

644
ごちそうさまでした [경어] 잘 먹었습니다

* 今日はどうもごちそうさまでした
  오늘 참 잘 먹었습니다

645
□ **ごめんください** [경어] 실례합니다

❖ ええ、ごめんください 에, 실례합니다

646
□ **ごめんなさい** [경어] 미안합니다

❖ シゲさん、ごめんなさい
시게상 미안합니다

647
□ **こんばんは** [경어] 안녕하세요

❖ 皆様(みなさま)こんばんは 여러분 안녕하세요

648
□ **さよなら** [경어] 안녕히 가세요(=さようなら)

❖ 君(きみ)とはもうさよならだ
너하고는 이제 작별하다

649
□ **しつれいしました** [경어] 실례했습니다.

❖ どう致(いた)しまして、こちらこそ失礼(しつれい)しました 별 말씀을 하십니다, 오히려 제가 실례했습니다

650
□ **すみません** [경어] 미안합니다.

❖ どうも済(す)みません 정말 죄송합니다
❖ ご迷惑(めいわく)をお掛(か)けして済(す)みません
폐를 끼쳐 드려서 미안합니다

651
□ **どうぞよろしく** [경어] 아무쪼록 잘 부탁드립니다

❖ どうぞよろしくお願(ねが)いします
아무쪼록 잘 부탁합니다

❖ こちらこそ、どうぞよろしく
저야말로 잘 부탁합니다

652
□ **どうもありがとうございます** 　 [경어] 대단히 고맙습니다

❖ お気づかい、どうもありがとうございます 신경 써 주셔서 정말 감사합니다

653
□ **はじめまして** 　 [경어] 처음뵙겠습니다

❖ はじめまして、鈴木と申します
처음 뵙겠습니다, 스즈키라고 합니다

654
□ **あの** 　 [연체] 저

❖ あの箱をとってほしい
저 상자를 집어 다오
❖ あの山を越えて 저 산 넘어

655
■ **じゃあ** 　 [접] 그럼, 그러면(=じゃ)

❖ じゃあ、さようなら 그러면 잘 가(안녕)
❖ じゃあ、また 그럼 또 만나요

656
■ **それから** 　 [접] 그리고 나서, 그 이후

❖ それからどうなった
그리고는 어떻게 되었지?
❖ テレビを見た、それから勉強をした
텔레비전을 보았다. 그리고 나서 공부를 했다

657
■ **それでは** 　 [접] 그런 상태로서는, 그래서는, 그러면

❖ それではあまりにひどすぎる
그래서는 너무 잔인하다
❖ それではこれから始めます
그러면 이제부터 시작하겠습니다

658
■ **でも** 　 [접] ~이라도, ~조차도, 그래도

❖ 夏でも山頂には雪がある
여름에도 산꼭대기에는 눈이 있다
❖ でも、この辺りの眺めは悪くない
하지만, 이 근방의 전망은 나쁘지 않다

기타

문법 · New JLPT Level 5 일본어능력시험

1
□ **~ません**
- 동사 ます형 +

~하지 않습니다 (공손한 부정)
- 牛乳を飲みません 우유를 먹지 않습니다
- ごはんを食べません 밥을 먹지 않습니다

2
□ **~ませんか**
- 동사 ます형 +

~하지 않겠습니까? (상대방에게 권유)
- 歌を歌いませんか
  노래를 부르지 않겠습니까?
- 踊を踊りませんか
  춤을 추지 않겠습니까?

3
□ **~ましょう**
- 동사 ます형 +

~합시다 (상대방에게 권유)
- テレビを消しましょう TV를 끕시다
- ドアにかぎをかけましょうか
  문을 잠글까요?

4
□ **~に行(い)く/来(く)る**
- 동사 ます형 + ~に行(い)く / 来(く)る

~하러 가다 / 오다 (목적)
- コーヒーを飲みに行きます
  커피를 마시러 갑니다
- 来る前に電話下さい
  오기 전에 전화주세요

5
□ **~たい**
- 동사 ます형 +

~하고 싶다 (1, 2인칭의 희망)
- あなたに会いたい 당신을 보고 싶다
- 会社を止めたいです
  회사를 그만두고 싶습니다

6
□ **~ないでください**
- 동사 ない형 +

~하지 말아 주세요 (금지)
- たばこを吸わないでください
  담배를 피우지 마세요
- うそをつかないでください
  거짓말을 하지 마세요

7

□ ~ないほうがいい

- 동사 ない형 +

~하지 않는 게 좋다 (충고나 조언)

❖ たばこを吸わないほうがいいです
담배를 피우지 않는 게 좋습니다

8

□ ~なければならない

- 명사·な형용사·い형용사·
동사 ない형어간 + で(じゃ) +

~하지 않으면 안 된다, ~해야 한다 (일반적인 의무)

❖ 薬を飲まなければならないです
약을 먹지 않으면 안 됩니다

❖ 今日は九時に寝なければなりません
오늘은 9시에 자야만 합니다

9

□ ~なくてもいい

- 명사·な형용사 어간 + で(じゃ) +
- い형용사 어간 + く +
- 동사 ない형 +

~하지 않아도 좋다 (일반적인 부정)

❖ 今日は早く起きなくてもいいです
오늘은 일찍 일어나지 않아도 됩니다

❖ 日曜日は学校へ行かなくてもいいです
일요일은 학교에 가지 않아도 됩니다

10

□ ~と

- 명사·い형용사·な형용사·
동사의 기본형 +

~하면 (가정·조건)

❖ 春になると暖かくなります
봄이 되면 따뜻해 집니다

❖ 一に二を足すと三になります
1에 2를 더하면 3이 됩니다

11

□ ~から

- 명사·い형용사·な형용사·
동사의 기본형 +

~이기 때문에, ~해서 (명령, 추측, 의지, 주장)

❖ 試験があるから勉強をしなければならない
시험이 있기 때문에 공부하지 않으면 안 된다

❖ かぜを引いたから欠席した
감기를 걸렸기 때문에 결석했다

12
□ ~し

- 명사 · い형용사 · な형용사 · 동사의 기본형 +

~하고 (동시에 나열)

❖ 雨も降るし、風も吹く
비도 내리고, 바람도 분다

❖ この家は大きいし、いいですね
이 집은 크고, 좋네요

13
□ ~で

- 명사 +
(앞의 내용을 받아, 그 결과로 뒤의 사항이 생김을 나타냄)

~으로, ~때문에 (수단, 자격)

❖ 横目でのぞき見する 곁눈질로 훔쳐보다
❖ いろいろな理由で 가지가지 이유로

14
□ ~に

- 명사 +
(동작·작용이 이루어지는 시간·경우를 나타냄)

~에, ~에게 (동작·작용)

❖ 4月に花が咲く 4월에 꽃이 피다
❖ 犬に咬まれる 개에게 물리다

15
□ ~も

- 명사, 형용사, 부사 +
(동일한 사항 중 하나를 예시하여 이밖에도 있음을 나타냄)

~(이)나 (예시)

❖ これもあれも同じことだ
이것이나 저것이나 매한가지다

❖ 飯がなかったら酒でもください
밥이 없으면 술이나 주시오

16
□ ~を

- 명사 +

~을 (동작·작용)

❖ 本を読む 책을 읽다
❖ 球を投る 공을 던지다

17
□ ~が/~けれども

- 명사 + だ + ~が
- い형용사 · な형용사 · 동사의 기본형 + ~が

~데, ~지만 (역접)

❖ 学生ですが、勉強しません
학생인데 공부하지 않습니다

❖ 雪は降るが、寒くない
눈이 내리지만, 춥지 않다

18
□ ~と思(おも)う

- 명사 + だ +
- い형용사 · な형용사 · 동사의 기본형 +

~라고 생각하다 (의견을 물을 때)

❖ 彼女は電話をかけると思います
그녀는 전화를 건다고 생각합니다

❖ 山田さんは英語が上手だと思います
야마다씨는 영어를 잘한다고 생각합니다

19
□ ~と言(い)う

- 명사 + だ +
- い형용사 · な형용사 · 동사의 기본형 +

~라고 하다 (인용, 전문)

❖ わたしは金と言います
나는 김이라고 합니다

❖ 両親は元気だと言います
부모님은 건강하다고 합니다

20
□ ~だろう

- 명사 · な형용사 어간 +
- い형용사 · 동사의 기본형 +

~겠지, ~것이다 (추측이나 확인)

❖ 明日は曇るだろう 내일은 흐리겠지

❖ あそこは暑いだろう 저기는 덥겠지

21
□ ~ことがある

- 동사의 명사수식형 +

~일(때, 경우) 이 있다 (불규칙한 경우나 습관)

❖ 尋ねたいことがある 물어볼 말이 있다

❖ あなたに詫び事がある
당신에게 사죄할 일이 있다

22
□ ~ことができる

- 동사의 명사수식형 +

~할 수 있다 (능력의 유무)

❖ 日本語ができますか
일본어를 할 수 있습니까?

❖ 彼ならできます 그라면 가능합니다

23
□ ~ことだ

- い형용사 · な형용사 · 동사의 명사수식형 +

~것이다 (놀람, 감동, 비난, 감격)

❖ 私の夢は社長になることだ
제 꿈은 사장님이 되는 것이다

❖ 家族みんな元気で、けっこうなことだ
가족 모두 건강해서 다행이다

문법

24
□ ~とき　　時　　~할 때 (동시에 병렬)

- 명사 + の +
- い형용사・な형용사・동사의 명사수식형 +

❖ 車に乗る時、シートベルトをしめてください
　차 탈 때는 안전벨트를 매 주세요
❖ 分からない時は、手を上げてください
　모를 때에는 손을 들어 주세요

25
□ ~前(まえ)に　　~전에 (시간의 관계)

- 명사 + の +
- い형용사・な형용사・동사의 명사수식형 +

❖ 寝る前に歯を磨きます
　자기 전에 이를 닦습니다
❖ 高くなる前に買っておきましょう
　비싸지기 전에 사 둡시다

26
□ ~まで　　~까지 (동작이나 상태가 계속)

- 명사, 동사 기본형 +

❖ 家から会社までどのぐらいかかりますか
　집에서 회사까지 어느정도 걸립니까?
❖ 9時までここで待っていて下さい
　9시까지 여기서 기다려 주세요

27
□ ~までに　　~까지 (범위, 한계, 기한)

- 명사, 동사 기본형 +

❖ 本は明日までに返します
　책은 내일까지 반납하겠습니다
❖ 午前8時までに登校します
　오전 8시까지 등교하겠습니다

28
□ ~にとって　　~에 있어서 (사람이나 조직)

- 명사 +

❖ 彼は私にとってかけがえのない人です
　그는 나에게 있어서 둘도 없는 소중한 사람입니다
❖ 人間にとって一番大事なのは健康です
　인간에게 있어서 가장 중요한 것은 건강입니다

29
□ **~について**
- 명사 +

~에 대해서 (한정하여 제시)

❖ この問題について考えてみましょう
이 문제에 대해서 생각해 봅시다

❖ 日本についてどう思いますか
일본에 대해서 어떻게 생각합니까

30
□ **~になる**
- 명사 +

~가 되다 (결정이나 합의)

❖ 結婚することになりました
결혼하게 되었습니다

❖ 来月から運転を習うことになりました
다음달부터 운전을 배우게 되었습니다

31
□ **~くなる**
- い형용사 어간 +

~해 지다 (자연적인 변화)

❖ 手足が冷たくなりました
손발이 차가워졌습니다

❖ これから涼しくなります
앞으로 시원해집니다

32
□ **~になる**
- な형용사 어간 +

~해 지다 (자연적인 변화)

❖ この辺はにぎやかになりました
이 주변은 번화하게 되었습니다.

❖ 駅ができて交通が便利になりました
역이 생겨서 교통이 편리해졌습니다

33
□ **~ている**
- 동사 て형 +

~하고 있다 (동작의 진행이나 상태)

❖ 音楽を聞いています 음악을 듣고 있습니다

❖ 勉強しています 공부하고 있습니다

34
□ **~てから**
- 동사 て형 +

~하고 나서 (앞의 동작)

❖ いつもお風呂に入ってから寝ます
항상 목욕을 하고 나서 잡니다

❖ テレビを見てから勉強します
텔레비전을 보고 나서 공부합니다

35
~てはいけません
~해서는 안 된다, ~하면 안 된다 (금지)

- 동사 て형 +

❖ 人のものを見てはいけません
  남의 것을 봐서는 안됩니다

❖ お酒を飲んで運転してはいけません
  술을 마시고 운전해서는 안 됩니다

36
~ても
~라도, ~해도 (순접의 관계를 부정)

- 명사·な형용사 어간·い형용사 어간 + く·동사 て형 +

❖ この肉は柔らかくて子供でも食べられます
  이 고기는 연해서 아이라도 먹을 수 있습니다.

❖ 映画でも見に行きましょうか
  영화라도 보러 갈까요?

37
~てもいい
~해도 좋다, ~해도 괜찮다 (허가나 허락)

- 명사·な형용사 어간·い형용사 어간 + く·동사 て형 +

❖ 家へ行ってもいいですか
  집에 가도 됩니까?

❖ 今日は休んでもいいですか
  오늘은 쉬어도 됩니까?

38
~てください
~해 주세요 (의뢰, 지시, 명령)

- 동사 て형 +

❖ ちょっと待ってください
  조금 기다려 주세요.

❖ ここに書いてください 여기에 써 주세요

39
~てくださいませんか
~해 주시지 않겠습니까? (완곡한 표현)

- 동사 て형 +

❖ 電話あったと伝えてくださいませんか
  전화왔다고 전해 주시지 않겠습니까?

❖ それを説明してくださいませんか
  그것을 설명해 주시지 않겠습니까?

40
~てくれ
~해 줘 (강한 명령)

- 동사 て형 +

❖ ちょっと見てくれ 좀 보아 줘
❖ 宿題を手伝ってくれ 숙제를 도와줘

41
□ ~てくれませんか
~해 주지 않겠습니까? (의뢰, 지시, 명령)

- 동사 て형 +

❖ これを負けてくれませんか
이것을 깎아주지 않겠습니까?

❖ 窓を閉めてくれませんか
창문을 닫아주지 않겠습니까?

42
□ ~てもらえませんか
~해 받을 수 없겠습니까? (의뢰하는 가능)

- 동사 て형 +

❖ ごみを捨ててもらえませんか
쓰레기를 버려 줄 수 없겠습니까?

❖ 駅まで送ってもらえませんか
역까지 바래다 줄 수 없겠습니까?

43
□ ~ていただけませんか
~해 주실 수 없겠습니까? (정중한 표현)

- 동사 て형 +

❖ ちょっと見せていただけませんか
좀 보여 주시지 않겠습니까?

❖ 急いでいただけませんか
서둘러 주시지 않겠습니까?

44
□ ~たことがある
~한 적이 있다 (경험)

- 동사 て형 +

❖ 日本へ行ったことがありますか
일본에 간 적이 있습니까?

❖ 芸能人に会ったことがありますか
연예인을 만난 적이 있습니까?

45
□ ~たほうがいい
~하는 게 좋다 (충고나 조언)

- 동사 て형 +

❖ 病院へ行った方がいいです
병원에 가는 편이 좋습니다

❖ 今日より明日行った方がいいです
오늘보다 내일 가는 편이 좋습니다

46
□ ~た後(あと)で
~한 후에 (후에 동작)

- 명사 + の +
- 동사 た형 +

❖ 食事の後で、勉強します
식사 후에 공부합니다

❖ 掃除した後で、洗濯もします
청소를 한 후에 세탁도 합니다

문법

JLPT N5 필수문법 | **111**

47
□ ~たら
- 명사·な형용사 어간 + だっ +
- い형용사 어간 + かっ +
- 동사 たら형 +

~라면, ~하면 (가정·조건)

❖ 雨が降ったら学校へ行きません
비가 오면 학교에 가지 않겠습니다

❖ お暇だったら、映画を見に行きましょう
시간 있으면, 영화를 보러 갑시다

48
□ ~たらどうですか
- 동사 たら형 +

~하면 어떻습니까? (제안이나 권유)

❖ 一緒に映画を見に行ったらどうですか
같이 영화를 보러 가는 게 어떻습니까?

❖ 少し休んだらどうですか
조금 쉬는 게 어떻습니까?

49
□ ~たり~たりする
- 명사·な형용사 어간 + だっ +
- い형용사 어간 + かっ/동사 たり형 +

~하거나 ~하거나 하다 (열거)

❖ 笑ったり泣いたりする
웃기도 하고 울기도 한다

❖ 夜は家で友達に電話をかけたり、本を読んだりします
밤에는 집에서 친구에게 전화를 걸기도 하고, 책을 읽기도 합니다

50
□ ~だけ
- 명사의 연체형 +

~만, 뿐 (한정·한도를 나타냄)

❖ 私だけが知っている 나만이 알고 있다.

❖ 言ってみただけだ
그냥 말해 보았을 뿐이다

51
□ ~ずに
- 부정의 조동사 연용형 +

~하지 않고, ~하지 말고 (부정)

❖ 夜も寝ずに看病する
밤새도록 자지 않고 간병하다

❖ 口を利かずに黙って見ていなさい
쓸데없는 말을 하지 말고 잠자코 보고 있어요

52
□ ~つづける
- 동사의 연용형 +

계속 ~하다 (계속)

❖ 食べ続ける 먹기를 계속하다

❖ 花が咲き続ける 꽃이 계속 피다

한자

New JLPT Level 5 일본어능력시험

#	한자	뜻·음	훈/음	예시
001	間	사이 간	훈 あいだ・ま	間 [あいだ] 사이, 간격, 틈 間違う [まちがう] 틀리다
		부수 門(8획) 총획 12획	음 カン	時間 [じかん] 시간 期間 [きかん] 기간
002	見	볼 견	훈 みる・みえる・みせる	見る [みる] 보다 花見 [はなみ] 꽃구경
		부수 見(7획) 총획 7획	음 ケン	見学 [けんがく] 견학 意見 [いけん] 의견
003	古	옛 고	훈 ふるい・ふるす	古い [ふるい] 오래되다 古本屋 [ふるほんや] 헌책방
		부수 口(3획) 총획 5획	음 コ	中古 [ちゅうこ] 중고 古代 [こだい] 고대
004	高	높을 고	훈 たかい・たか・たかまる	高い [たかい] 높다 高まる [たかまる] 높아지다
		부수 高(10획) 총획 10획	음 コウ	高校 [こうこう] 고교 高速 [こうそく] 고속
005	空	빌 공	훈 そら・あく・あける・から	空 [そら] 하늘 空く [あく] 비다
		부수 穴(5획) 총획 8	음 クウ	空気 [くうき] 공기 空港 [くうこう] 공항
006	校	학교 교	훈 −	
		부수 木(4획) 총획 10획	음 コウ	学校 [がっこう] 학교 高校 [こうこう] 고교
007	口	입 구	훈 くち	口 [くち] 입 口紅 [くちべに] 립스틱
		부수 口(3획) 총획 3획	음 コウ・ク	人口 [じんこう] 인구 口伝 [くでん] 구전
008	九	아홉 구	훈 ここの・ここのつ	九つ [ここのつ] 아홉 九日 [ここのか] 9일, 9일간
		부수 乙(1획) 총획 2획	음 キュウ/ク	九月 [くがつ] 구월 九 [きゅう・く] 9, 아홉
009	国 (國)	나라 국	훈 くに	国 [くに] 나라, 고국 国土 [こくど] 국토
		부수 口(3획) 총획 8획	음 コク	国際 [こくさい] 국제 国立 [こくりつ] 국립

010	今	이제 금	훈 いま	今 [いま] 지금 今更 [いまさら] 새삼스럽게
		부수 人(2획) 총획 4획	음 コン・キン	今度 [こんど] 이번, 다음 今月 [こんげつ] 이번 달
011	気 (氣)	기운 기	훈 -	
		부수 气(4획) 총획 6획	음 キ・ケ	電気 [でんき] 전기 吐気 [はきけ] 구역질
012	金	쇠 금, 성 김	훈 かね	お金 [おかね] 돈 金槌 [かなづち] 쇠망치
		부수 金(8획) 총획 8획	음 キン	金曜日 [きんようび] 금요일 料金 [りょうきん] 요금
013	南	남녘 남	훈 みなみ	南 [みなみ] 남, 남쪽 南風 [みなみかぜ] 남풍
		부수 十(2획) 총획 9획	음 ナン・ナ	南極 [なんきょく] 남극 南北 [なんぼく] 남북
014	男	사내 남	훈 おとこ	男 [おとこ] 남자 男らしい [おとこらしい] 남자답다
		부수 田(5획) 총획 7획	음 ダン・ナン	男性 [だんせい] 남성 長男 [ちょうなん] 장남
015	女	계집 녀	훈 おんな・め	女 [おんな] 여자 女神 [めがみ] 여신
		부수 女(3획) 총획 3획	음 ジョ・ニョ・ニョウ	女性 [じょせい] 여성 女房 [にょうぼう] 마누라
016	年	해 년	훈 とし	年 [とし] 나이, 해 年上 [としうえ] 손위, 연상
		부수 干(3획) 총획 6획	음 ネン	万年筆 [まんねんひつ] 만년필 学年 [がくねん] 학년
017	多	많을 다	훈 おおい	多く [おおく] 많음, 다수 多い [おおい] 많다
		부수 夕(3획) 총획 6획	음 タ	過多 [かた] 과다 多少 [たしょう] 다소
018	大	큰 대	훈 おお・おおきい・おおいに	大きい [おおきい] 크다 大勢 [おおぜい] 많은 사람
		부수 大(3획) 총획 3획	음 ダイ・タイ	大学 [だいがく] 대학교 大使館 [たいしかん] 대사관

019	道 길 도	훈 みち	부수 辶(3획) 총획 12획 / 음 ドウ・トウ	道 [みち] 길 道端 [みちばた] 길가 道路 [どうろ] 도로 水道 [すいどう] 수도
020	読 읽을 독	훈 よむ	부수 言(7획) 총획 14획 / 음 ドク	読む [よむ] 읽다 読み [よみ] 읽기 読書 [どくしょ] 독서 読者 [どくしゃ] 독자
021	東 동녘 동	훈 ひがし	부수 木(4획) 총획 8획 / 음 トウ	東 [ひがし] 동쪽 東風 [ひがしかぜ] 동풍 東西 [とうざい] 동서 東洋 [とうよう] 동양
022	来 올 래	훈 くる・きたる・きたす	부수 木(4획) 총획 7획 / 음 ライ	来る [くる] 오다 来す [きたす] 초래하다 来年 [らいねん] 내년 将来 [しょうらい] 장래
023	六 여섯 륙	훈 む・むつ・むっつ・むい	부수 八(2획) 총획 4획 / 음 ロク	六日 [むいか] 6일, 엿새 六つ [むつ,むっつ] 여섯 六月 [ろくがつ] 유월 六 [ろく] 육, 여섯
024	立 설 립	훈 たつ・たてる	부수 立(5획) 총획 5획 / 음 リツ・リュウ	立つ [たつ] 서다 立てる [たてる] 세우다 成立 [せいりつ] 성립 建立 [こんりゅう] (절・탑) 세움
025	万 일만 만	훈 -	부수 一(1획) 총획 3획 / 음 マン・バン	万年 [まんねん] 만년 万物 [ばんぶつ] 만물
026	買 살 매	훈 かう	부수 貝(7획) 총획 12획 / 음 バイ	買う [かう] 사다 買い物 [かいもの] 물건 사기 売買 [ばいばい] 매매 購買 [こうばい] 구매
027	毎 매양 매	훈 -	부수 毋(4획) 총획 6획 / 음 マイ	毎日 [まいにち] 매일 毎晩 [まいばん] 매일 밤

028 名	이름 **명**	훈 な	名前 [なまえ] 이름 名札 [なふだ] 명찰
	부수 口(3획) 총획 6획	음 メイ・ミョウ	有名 [ゆうめい] 유명 名字 [みょうじ] 성 [姓]

029 母	어머니 **모**	훈 はは	母 [はは] 어머니 母親 [ははおや] 모친
	부수 母(5획) 총획 5획	음 ボ	祖母 [そぼ] 할머니 母国 [ぼこく] 모국

030 木	나무 **목**	훈 き・こ	木 [き] 나무 木の実 [このみ] 나무 열매
	부수 木(4획) 총획 4획	음 ボク・モク	木材 [もくざい] 목재 大木 [たいぼく] 거목, 큰 나무

031 目	눈 **목**	훈 め・ま	目 [め] 눈 目映い [まばゆい] 눈부시다
	부수 目(5획) 총획 5획	음 モク	目的 [もくてき] 목적 科目 [かもく] 과목

032 聞	들을 **문**	훈 きく・ きこえる	聞く [きく] 듣다, 묻다 聞こえる [きこえる] 들리다
	부수 耳(6획) 총획 14획	음 ブン・モン	新聞 [しんぶん] 신문 聴聞会 [ちょうもんかい] 청문회

033 半	반 **반**	훈 なかば	半ば [なかば] 절반, 중간
半	부수 十(2획) 총획 5획	음 ハン	半分 [はんぶん] 반, 절반 半島 [はんとう] 반도

034 白	흰 **백**	훈 しろ・しら・ しろい	白 [しろ] 흰색 白髪 [しらが] 백발, 흰머리
	부수 白(5획) 총획 5획	음 ハク・ビャク	告白 [こくはく] 고백 白蓮 [びゃくれん] 백련

035 百	일백 **백**	훈 -	
	부수 白(5획) 총획 6획	음 ヒャク	百分比 [ひゃくぶんひ] 백분비 百万 [ひゃくまん] 백만

036 本	근본 **본**	훈 もと	本 [もと] 처음, 시작, 기원 本木 [もとき] 나무의 줄기
	부수 木(4획) 총획 5획	음 ホン	本棚 [ほんだな] 책장 本当 [ほんとう] 사실, 정말임

037	父	아버지 부 부수 父(4획) 총획 4획	훈 ちち 음 フ	父 [ちち] 아버지 父親 [ちちおや] 부친 祖父 [そふ] 할아버지 父兄 [ふけい] 부형
038	北	북녘 북 부수 ヒ(2획) 총획 5획	훈 きた 음 ホク	北 [きた] 북쪽 北風 [きたかぜ] 북풍 北部 [ほくぶ] 북부 北西 [ほくせい] 북서
039	分	나눌 분 부수 刀(2획) 총획 4획	훈 わける・わかれる・わかる 음 ブン・ブ	分かる [わかる] 알다 分ける [わける] 나누다 分類 [ぶんるい] 분류 分厚い [ぶあつい] 두툼하다
040	四	넉 사 부수 口(3획) 총획 5획	훈 よ・よつ・よっ・よん・よっつ 음 シ	四つ [よつ/よっつ] 넷, 네 살 四 [よ/よっ/よん] 넷 四角 [しかく] 사각 四月 [しがつ] 사월
041	社 (社)	모일 사 부수 ネ(5획) 총획 7획	훈 やしろ 음 シャ・ジャ	社 [やしろ] 신사 会社 [かいしゃ] 회사 神社 [じんじゃ] 신사
042	山	뫼 산 부수 山(3획) 총획 3획	훈 やま 음 サン	山 [やま] 산 山元 [やまもと] 산기슭 山脈 [さんみゃく] 산맥 山岳 [さんがく] 산악
043	三	석 삼 부수 一(1획) 총획 3획	훈 み・みつ・みっつ 음 サン	三日 [みっか] 초사흘 三つ [みつ/みっつ] 셋, 살 三人 [さんにん] 세 명 三 [さん] 삼, 셋
044	上	위 상 부수 一(1획) 총획 3획	훈 うえ・うわ・かみ・あげる 음 ジョウ・ショウ	上 [うえ] 위 上着 [うわぎ] 상의, 겉옷 上手 [じょうず] 잘함, 능숙함 上人 [しょうにん] 큰스님
045	生	날 생 부수 生(5획) 총획 5획	훈 いきる・はえる・はやす 음 セイ・ショウ	生きる [いきる] 살다 生える [はえる] (풀·치아 등)나다 生活 [せいかつ] 생활 一生 [いっしょう] 평생

046 書	글 서	훈 かく	書く [かく] 쓰다 書付 [かきつけ] 문서
	부수 日(4획) 총획 10획	음 ショ	辞書 [じしょ] 사전 教科書 [きょうかしょ] 교과서

047 西	서녘 서	훈 にし	西 [にし] 서쪽 西側 [にしがわ] 서쪽
	부수 両(6획) 총획 6획	음 セイ・サイ	西洋 [せいよう] 서양 関西 [かんさい] 관서 [지명]

048 先	먼저 선	훈 さき	先 [さき] 끝, 먼저 先頃 [さきごろ] 요전
	부수 儿(2획) 총획 6획	음 セン	先生 [せんせい] 선생님 先月 [せんげつ] 지난달

049 小	작을 소	훈 ちいさい・こ・お	小さい [ちいさい] 작다 小鳥 [ことり] 작은 새
	부수 小(3획) 총획 3획	음 ショウ	小学校 [しょうがっこう] 초등학교 小説 [しょうせつ] 소설

050 少	적을 소	훈 すくない・すこし	少ない [すくない] 적다 少し [すこし] 조금
	부수 小(3획) 총획 4획	음 ショウ	少年 [しょうねん] 소년 多少 [たしょう] 다소

051 手	손 수	훈 て・た	手 [て] 손 手紙 [てがみ] 편지
	부수 手(4획) 총획 4획	음 シュ	選手 [せんしゅ] 선수 拍手 [はくしゅ] 박수

052 水	물 수	훈 みず	水 [みず] 물 水着 [みずぎ] 수영복
	부수 水(4획) 총획 4획	음 スイ	水泳 [すいえい] 수영 水道 [すいどう] 수도

053 時	때 시	훈 とき	時 [とき] 때 時々 [ときどき] 가끔
	부수 日(4획) 총획 10획	음 ジ	時間 [じかん] 시간 時期 [じき] 시기

054 食	먹을 식	훈 くう・くらう・たべる	食べる [たべる] 먹다 食う [くう] 먹다
	부수 食(9획) 총획 9획	음 ショク・ジキ	食堂 [しょくどう] 식당 食堂 [じきどう] 큰 절의 식당

55 新	새로울 신	훈 あたらしい・あらた・にい	新しい [あたらしい] 새롭다 新た [あらた] 새로움
	부수 斤(4획) 총획 13획	음 シン	新聞 [しんぶん] 신문 新鮮 [しんせん] 신선함

56 十	열 십	훈 とお・と	十 [とお] 열, 십 十日 [とおか] 초열흘날
	부수 十(2획) 총획 2획	음 ジュウ・ジッ	十字 [じゅうじ] 십자 十干 [じっかん] 십간

57 語	말씀 어	훈 かたる・かたらう	語る [かたる] 이야기하다 語らう [かたらう] 이야기를 나누다
	부수 言(7획) 총획 14획	음 ゴ	英語 [えいご] 영어 単語 [たんご] 단어

58 魚	물고기 어	훈 うお・さかな	魚釣り [うおつり] 낚시질 魚 [さかな] 생선, 물고기
	부수 魚(11획) 총획 11획	음 ギョ	金魚 [きんぎょ] 금붕어 人魚 [にんぎょ] 인어

59 言	말씀 언	훈 いう・こと	言う [いう] 말하다 言葉 [ことば] 말
	부수 言(7획) 총획 7획	음 ゲン・ゴン	言語 [げんご] 언어 伝言 [でんごん] 전언

60 円	둥글 원	훈 まるい	円い [まるい] 둥글다 円形 [まるがた] 원형
	부수 冂(2획) 총획 4획	음 エン	円 [えん] 엔 円満 [えんまん] 원만

61 駅 (驛)	역참 역	훈 -	
	부수 馬(10획) 총획 14획	음 エキ	駅 [えき] 역 駅長 [えきちょう] 역장

62 五	다섯 오	훈 いつ・いつつ	五日 [いつか] 5일 五つ [いつつ] 다섯, 다섯 살
	부수 二(2획) 총획 4획	음 ゴ	五官 [ごかん] 오관 五十 [ごじゅう] 오십

63 午	낮 오	훈 -	
	부수 十(2획) 총획 4획	음 ゴ	午前 [ごぜん] 오전 午後 [ごご] 오후

064	바깥 외	훈 そと・ほか・はずす・はずれる	부수 夕(3획) 총획 5획	外 [そと] 바깥 外す [はずす] 떼다, 풀다 外国 [がいこく] 외국 外科 [げか] 외과
065	벗 우	훈 とも	부수 又(2획) 총획 4획	友 [とも] 벗, 친구 友達 [ともだち] 친구 親友 [しんゆう] 친한 친구 友人 [ゆうじん] 친구
066	오른쪽 우	훈 みぎ	부수 口(3획) 총획 5획	右 [みぎ] 오른쪽 右手 [みぎて] 오른손 右折 [うせつ] 우회전 左右 [さゆう] 좌우
067	비 우	훈 あめ・あま	부수 雨(8획) 총획 8획	雨 [あめ] 비 雨具 [あまぐ] 우비 雨天 [うてん] 우천 降雨 [こうう] 강우
068	달 월	훈 つき	부수 月(4획) 총획 4획	月 [つき] 달 月日 [つきひ] 세월 今月 [こんげつ] 이번 달 正月 [しょうがつ] 정월, 설
069	마실 음 (飮)	훈 のむ	부수 食(8획) 총획 12획	飲む [のむ] 마시다 飲み物 [のみもの] 마실 것 飲酒 [いんしゅ] 음주 飲食 [いんしょく] 음식
070	귀 이	훈 みみ	부수 耳(6획) 총획 6획	耳 [みみ] 귀 初耳 [はつみみ] 처음 들음 耳語 [じご] 귓속말 耳鼻科 [じびか] 이비인후과
071	두 이	훈 ふた・ふたつ	부수 二(2획) 총획 2획	二人 [ふたり] 두 사람 二つ [ふたつ] 둘, 두 개 二月 [にがつ] 2월 二本 [にほん] 두 자루
072	사람 인	훈 ひと	부수 人(2획) 총획 2획	人 [ひと] 사람 人気 [ひとけ] 인기척 主人 [しゅじん] 남편, 주인 人形 [にんぎょう] 인형

073 一	하나 **일**	훈 ひと・ひとつ 음 イチ・イツ	一人 [ひとり] 한 사람 一晩 [ひとばん] 하룻밤 一 [いち] 일, 하나 一杯 [いっぱい] 한 잔
	부수 一(1획) 총획 1획		
074 日	날 **일**	훈 ひ・か 음 ニチ・ジツ	日 [ひ] 날, 해 三日 [みっか] 3일 毎日 [まいにち] 매일 先日 [せんじつ] 일전
	부수 日(4획) 총획 4획		
075 入	들 **입**	훈 いる・いれる・はいる 음 ニュウ	入る [はいる] 들어가다 入れる [いれる] 넣다 入学 [にゅうがく] 입학 輸入 [ゆにゅう] 수입
	부수 入(2획) 총획 2획		
076 子	아들 **자**	훈 こ 음 シ・ス	子 [こ] 아이 息子 [むすこ] 아들 帽子 [ぼうし] 모자 椅子 [いす] 의자
	부수 子(3획) 총획 3획		
077 長	길 **장**	훈 ながい 음 チョウ	長い [ながい] 길다 長袖 [ながそで] 긴 소매 社長 [しゃちょう] 사장[님] 部長 [ぶちょう] 부장[님]
	부수 長(8획) 총획 8획		
078 電	번개 **전**	훈 - 음 デン	電車 [でんしゃ] 전철 電気 [でんき] 전기, 불
	부수 雨(8획) 총획 13획		
079 前 (前)	앞 **전**	훈 まえ 음 ゼン	前 [まえ] 앞, 전 名前 [なまえ] 이름 午前 [ごぜん] 오전 以前 [いぜん] 이전
	부수 刀(2획) 총획 9획		
080 店	가게 **점**	훈 みせ 음 テン	店 [みせ] 가게 店屋 [みせや] 가게, 상점 商店 [しょうてん] 상점 売店 [ばいてん] 매점
	부수 广(3획) 총획 8획		
081 足	발 **족**	훈 あし・たりる・たる・たす 음 ソク	足 [あし] 다리, 발 足す [たす] 더하다 四足 [しそく] 사족 足跡 [そくせき] 족적, 발자취
	부수 足(7획) 총획 7획		

082 왼쪽 **좌**	훈 ひだり	左 [ひだり] 왼쪽 左利き [ひだりきき] 왼손잡이
부수 工(3획) 총획 5획	음 サ	左右 [さゆう] 좌우 左側 [さそく] 좌측

083 돌 **주**	훈 -	
부수 辶(3획) 총획 11획	음 シュウ	先週 [せんしゅう] 지난주 今週 [こんしゅう] 이번 주

084 가운데 **중**	훈 なか	中 [なか] 안, 속 背中 [せなか] 등
부수 丨(1획) 총획 4획	음 チュウ・ジュウ	中止 [ちゅうし] 중지, 취소 年中 [ねんじゅう] 연중

085 수레 **거**, 수레 **차**	훈 くるま	車 [くるま] 차 電車 [でんしゃ] 전철
부수 車(7획) 총획 7획	음 シャ	汽車 [きしゃ] 기차 駐車場 [ちゅうしゃじょう] 주차장

086 일천 **천**	훈 ち	千 [ち] 천 千千 [ちぢ] 여러 가지
부수 十(2획) 총획 3획	음 セン	千年 [せんねん] 천년 千差 [せんさ] 천차

087 하늘 **천**	훈 あめ・あま	天 [あめ] 하늘 天つ [あまつ] 하늘의
부수 大(3획) 총획 4획	음 テン	天気 [てんき] 날씨 天井 [てんじょう] 천정

088 내 **천**	훈 かわ	川 [かわ] 강 川端 [かわばた] 냇가, 강가
부수 川(3획) 총획 3획	음 セン	河川 [かせん] 하천 山川 [さんせん] 산천

089 날 **출**	훈 でる・だす	出る [でる] 나가다, 나오다 出す [だす] 내다
부수 凵(2획) 총획 5획	음 シュツ・スイ	外出 [がいしゅつ] 외출 出師 [すいし] 출사

090 일곱 **칠**	훈 なな・ななつ・なの	七 [なな] 칠, 일곱 七つ [ななつ] 일곱, 일곱 살
부수 一(1획) 총획 2획	음 シチ	七 [しち] 칠, 일곱 七賢 [しちけん] 칠현

091	土 (흙 토)	훈 つち / 음 ド・ト	부수 土(3획) / 총획 3획	土 [つち] 흙, 땅, 육지 / 土埃 [つちぼこり] 흙먼지 / 土曜日 [どようび] 토요일 / 土地 [とち] 토지
092	八 (여덟 팔)	훈 や・やつ・やっつ・よう / 음 ハチ	부수 八(2획) / 총획 2획	八重 [やえ] 여덟겹, 여러겹 / 八日 [ようか] 팔일 / 八 [はち] 팔, 여덟 / 八月 [はちがつ] 8월
093	下 (아래 하)	훈 した・しも・もと・さげる / 음 カ・ゲ	부수 一(1획) / 총획 3획	下 [した] 아래 / 下げる [さげる] 내리다 / 地下鉄 [ちかてつ] 지하철 / 下宿 [げしゅく] 하숙
094	何 (어찌 하)	훈 なに・なん / 음 カ	부수 人(2획) / 총획 7획	何か [なにか] 무엇인가 / 何でも [なんでも] 무엇이든지 / 如何 [いか] 여하 / 幾何学 [きかがく] 기하학
095	学 (배울 학) 學	훈 まなぶ / 음 ガク	부수 子(3획) / 총획 8획	学ぶ [まなぶ] 배우다 / 学び [まなび] 배움, 학문 / 文学 [ぶんがく] 문학 / 大学 [だいがく] 대학교
096	行 (다닐 행)	훈 いく・ゆく・おこなう / 음 コウ・アン・ギョウ	부수 行(6획) / 총획 6획	行く [いく/ゆく] 가다 / 行(な)う [おこなう] 행하다 / 旅行 [りょこう] 여행 / 行事 [ぎょうじ] 행사
97	火 (불 화)	훈 ひ・ほ / 음 カ	부수 火(4획) / 총획 4획	火 [ひ] 불 / 火屋 [ほや] 등피 / 火事 [かじ] 화재 / 噴火 [ふんか] 분화
98	話 (말할 화)	훈 はなす・はなし / 음 ワ	부수 言(7획) / 총획 13획	話す [はなす] 이야기하다 / 話 [はなし] 이야기 / 電話 [でんわ] 전화 / 会話 [かいわ] 회화
99	花 (꽃 화)	훈 はな / 음 カ	부수 艹(3획) / 총획 7획	花 [はな] 꽃 / 花見 [はなみ] 꽃구경 / 花瓶 [かびん] 꽃병 / 花粉 [かふん] 꽃가루

JLPT N5 필수한자

100 会 (會)	모일 회	훈 あう	会う [あう] 만나다 会い [あい] 만남
	부수 人(2획) 총획 6획	음 カイ・エ	社会 [しゃかい] 사회 会得 [えとく] 터득
101 後	뒤 후	훈 のち・うしろ・ あと・おくれる	後 [あと/のち] 후 後ろ [うしろ] 뒤
	부수 彳(3획) 총획 9획	음 ゴ・コウ	最後 [さいご] 최후 後者 [こうしゃ] 후자
102 休	쉴 휴	훈 やすむ・やす まる・やすめる	休む [やすむ] 쉬다 休まる [やすまる] 편안해지다
	부수 人(2획) 총획 6획	음 キュウ	休業 [きゅうぎょう] 휴업 休講 [きゅうこう] 휴강

Part II
N4

1. 명사
2. 동사
3. な형용사
4. い형용사
5. 부사
6. 외래어
7. 기타
8. 문법
9. 한자

982단어

명사 · New JLPT Level 4 일본어능력시험

1
■ **あいだ** 間 　사이, 간격, 틈, 동안

❖ 木立ちの間から 숲 사이로부터
❖ 日本に行っている間
일본에 가 있는 동안

2
■ **あかちゃん** 赤ちゃん 　갓난아이(=赤ん坊)

❖ 赤ちゃん、おいで 아가야, 이리 온
❖ 赤ん坊を産む 아기를 낳다

3
■ **あき** 秋 　가을

❖ 秋が深まる 가을이 깊어지다
❖ 秋の暮れ方 가을이 끝날 무렵

4
■ **あさねぼう** 朝寝坊 　늦잠, 늦잠꾸러기

❖ 朝寝坊して遅刻した
늦잠을 자서 지각했다
❖ 朝寝坊しないようにアラームをかけた
늦잠을 자지 않도록 알람을 맞췄다

5
■ **あじ** 味 　음식의 맛, 재미

❖ スープの味を見る 수프의 맛을 보다
❖ 甘い味がする 단맛이 나다

6
■ **あし** 足 　발, 다리

❖ 長い足 긴 다리
❖ 足がふるえる 다리가 떨리다

명사

7 あす 明日
내일(=あした)

- ❖ 明日行きます 내일 갑니다
- ❖ 明日をも知らぬ命 내일 어찌 될지 모르는 목숨

8 あそび 遊び
놀이, 유흥

- ❖ 遊び場所 노는 곳, 놀이터
- ❖ 遊びで絵を習う 취미로 그림을 배우다

9 あと 後
뒤, 후, 나머지

- ❖ 行列の後につく 행렬의 뒤에 붙다
- ❖ 祖国を後にする 조국을 뒤로 하다

10 あんない 案内
안내

- ❖ 案内役をかって出る 안내역을 맡고 나서다
- ❖ お客様を部屋に案内する 손님을 방으로 안내하다

11 いか 以下
이하(↔以上)

- ❖ 小数点以下は切り捨てる 소수점 이하는 버림
- ❖ 実力は君以下だ 실력은 자네보다 낮다

12 いがい 以外
이외

- ❖ 関係者以外立ち入り禁止 관계자이외 출입금지
- ❖ これ以外の方法はない 이것 이외의 방법은 없다

13 いがく 医学
의학

- ❖ 臨床医学 임상 의학
- ❖ 医学界 의학계

JLPT N4 필수단어 | **127**

14 いくら — 얼마

- 残りはいくらありますか 나머지는 얼마나 있습니까?
- いくらでも飲める 얼마든지 마실 수 있다

15 いけん　意見 — 의견

- 意見を述べる 의견을 말하다
- 何の意見も方針もない 아무런 의견도 방침도 없다

16 いし　石 — 돌, 바둑돌

- 石のように固い 돌처럼 단단하다
- 石をみがく 돌을 갈다

17 いじょう　以上 — 이상, 기준 이상

- 平均以上 평균 이상
- 課長以上 과장 이상

18 いち　一 — 숫자의 하나, 일

- 一回 일 회
- 唯一 유일

19 いちど　一度 — 1번

- 一度やってみたい 한 번 해 보고 싶다
- 一度ある事は二度ある 한 번 있는 일은 두 번 있게 마련이다

20 いと　糸 — 실, 줄

- 糸をつむぐ 실을 잣다[뽑다]
- 針に糸を通す 바늘에 실을 꿰다

명사

21 ■ いない　以内　이내

- 10キロ以内 10km 이내
- 1時間以内で行ける 한 시간 이내에 갈 수 있다

22 ■ いなか　田舎　시골, 고향

- 田舎の田園風景 시골의 전원 풍경
- 田舎の生活 시골의 생활

23 □ うがい　양치질

- のどを塩水でうがいする 목 안을 소금물로 양치질하다

24 ■ うけつけ　受付　접수, 접수처, 안내계

- 受付の女の子 접수처의 아가씨
- 受付を締め切る 접수를 끝마감하다

25 ■ うそ　거짓말

- 雨がうそのように晴れ上がる 비가 거짓말처럼 싹 개다
- それは真っ赤なうそだ 그것은 새빨간 거짓말이다

26 ■ うち　家　집, 집안

- 家の近辺を歩く 집 근처를 거닐다
- 家に遊びに来てください 집에 놀러 오세요

27 ■ うで　腕　팔, 솜씨

- 腕を組む 팔짱을 끼다
- いい[大した]腕だ 좋은[대단한] 솜씨다

JLPT N4 필수단어 | **129**

28 うら　裏　뒷, 뒤쪽

- 紙の裏 종이의 뒷면
- 月の裏側の写真 달의 뒷면 사진

29 うりば　売り場　파는 곳, 매장

- 切符売り場 매표소
- 紳士服売り場 신사복 매장

30 うん　運　운

- 運よく[悪く]も 재수 좋게[나쁘게]도
- 運を天に任せる 운을 하늘에 맡기다

31 うんてん　運転　운전

- 安全運転 안전 운전
- 自動車の運転がうまい 자동차 운전에 능숙하다

32 うんてんしゅ　運転手　운전기사

- 運転手にチップを渡す 운전수에게 팁을 주다
- 運転手を雇う 운전수를 고용하다

33 うんどう　運動　운동

- 分子の運動 분자의 운동
- 運動不足 운동 부족

34 え　絵　그림

- ピカソの絵 피카소의 그림
- 絵を描く 그림을 그리다

35
- **えき**　　駅　　역
  - 東京駅 東京역
  - 最寄りの駅 가장 가까운 역

36
- **えだ**　　枝　　나뭇가지, 갈래
  - 枝が伸びる 가지가 뻗다
  - 枝の多い山道 많이 갈래진 산길

37
- **えん**　　~円　　~원, 동그라미, 엔(일본화폐)
  - わずか1,000円では話にならない
    불과 천 엔으론 이야기가 안 되지
  - 円を描く 원을 그리다

38
- **えんりょ**　遠慮　사양, 조심함
  - 車内で喫煙はご遠慮ください
    차 안에서 담배는 삼가 주십시오
  - 遠慮がちにものを言う
    조심스럽게 말하다

39
- **お**　　尾　　동물의 꼬리
  - 犬が尾を振る 개가 꼬리를 흔들다
  - 行列の尾 행렬의 맨 뒤

40
- **おいわい**　お祝い　축하
  - お祝いのお返し 축하의 답례
  - お祝いに花束をおくる
    축하의 뜻으로 꽃바구니를 보내다

41
- **おうせつま**　応接間　응접실
  - 客を応接間に通す
    손을 응접실로 안내하다
  - 応接間に入る 응접실에 들어가다

명사

JLPT N4 필수단어 | **131**

42
■ **おかげ** お蔭　덕분, 탓, 때문

- 神仏のお蔭で助かる
  신불의 도움으로 살아나다
- 皆様のお蔭で完成致しました
  여러분의 덕택으로 완성하였습니다

43
□ **おかねもち** お金持ち　부자

- 金持ちのくせにけちだ
  부자임에도 인색하다
- あの人は金持ちだ 저 사람은 부자이다

44
□ **おかわり** お代わり　한잔 더 마심, 한그릇 더 먹음, 대신

- お代わりをどうぞ 한 공기 더 드세요
- コーヒーのお代わりは無料です
  커피를 추가로 드시는 것은 무료입니다

45
□ **おき** 沖　앞바다

- 沖に流される 앞바다로 떠내려가다
- 沖に漁火が見える
  앞바다에 고기잡이 배의 불이 보인다

46
■ **おくじょう** 屋上　옥상

- 屋上ビヤガーデン 옥상 비어 가든
- デパートの屋上の遊園地
  백화점의 옥상 유원지

47
■ **おくりもの** 贈り物　선물

- 贈り物を配る 선물을 나누어 주다
- 贈り物をきれいに包装する
  선물을 예쁘게 포장하다

48
■ **おじょうさん** お嬢さん　아가씨, 고생을 모르고 자란 여자

- お宅のお嬢さんはおとなしいですね
  댁의 따님은 얌전하군요
- お嬢さん育ち 호강하고 자란 아가씨

49 おたく　お宅
상대방의 집·소속의 존경어, 당신
- お宅はどちらですか 댁은 어디십니까?
- 先生のお宅 선생님 댁

50 おっと　夫
남편(↔妻)
- 年下の夫 연하의 남편
- 夫を失う 남편을 잃다

51 おつり　お釣り
거스름돈
- お釣りをもらう 잔돈을 거슬러 받다
- お釣りは要らない 거스름돈은 필요 없다

52 おと　音
음, 악기 등의 소리
- ベルの音 벨 소리
- 音がきれいなピアノ 음이 맑은 피아노

53 おどり　踊り
춤, 무용
- 踊りを踊る 춤을 추다
- 踊りの師匠 춤의 선생

54 おまつり　お祭り
축제, 행사
- お祭りの雰囲気がする 축제 기분이 난다
- お祭り一色に包まれる
  축제 일색에 싸이다

55 おみまい　お見舞い
병문안, 위문
- 沢山のお見舞いをいただく
  많은 위문품을 받다
- 病気のお見舞いに行く 문병을 가다

56
■ **おみやげ** お土産 　선물, 기념품

❖ ありがたくお土産を頂く
고맙게 선물을 받다
❖ 一抱えのお土産 한아름의 선물

57
■ **おもちゃ** 　완구

❖ 孫におもちゃを買ってあげる
손자에게 장난감을 사주다
❖ おもちゃのピストル 장난감 권총

58
■ **おもて** 表 　겉

❖ 紙幣の表 지폐의 앞면
❖ 封筒の表 봉투의 겉

59
■ **おれい** お礼 　사례의 말, 선물

❖ お礼に行く 사례하러 가다
❖ お礼の手紙 감사의 편지

60
■ **おわり** 終わり 　끝, 마지막, 최후, 죽음

❖ 季節の終わり 계절의 마지막
❖ 学期の終わり 학기의 마지막

61
□ **か** 家 　집, 집안

❖ 家屋 가옥
❖ 財産家 재산가

62
■ **かい** ~階 　~층, 건물의 층

❖ 階を登る 층층대를 오르다
❖ 上の階に住む人 위 층에 사는 사람

명사

63
■ **かい** 回 회, 회수

❖ 回を重ねる 횟수를 거듭하다
❖ 次の回の攻撃 다음 회의 공격

64
■ **かいがん** 海岸 해안

❖ 海岸地帯 해안 지대
❖ 海岸伝いに行く 해안을 따라서 가다

65
■ **かいぎ** 会議 회의

❖ 緊急会議 긴급 회의
❖ 会議が長引く 회의가 오래 계속되다

66
■ **かいじょう** 会場 회장

❖ 同窓会の会場 동창회 회장
❖ 会場にあふれる聴衆 회장에 넘치는 청중

67
■ **かいわ** 会話 회화

❖ 会話を交わす 회화를 나누다
❖ 会話が弾む 회화가 활기를 띠다

68
■ **かえり** 帰り 돌아옴, 돌아오는 길

❖ 帰りが早い
돌아오는 것이 이르다, 일찍 귀가하다
❖ 今日は遅く帰ります
오늘은 늦게 귀가합니다

69
■ **かがく** 科学 과학

❖ 宇宙科学 우주 과학
❖ 科学万能 과학 만능

JLPT N4 필수단어 | **135**

70
■ **かがみ**　鏡　　거울

❖ 鏡のような湖面 거울 같은 호수면
❖ 鏡に映る 거울에 비치다

71
■ **がくぶ**　学部　　학부

❖ 法学部の教授 법학부의 교수
❖ 学部長 학부장

72
■ **かじ**　火事　　화재

❖ 火事になる 불이 나다
❖ 山火事 산불

73
■ **かぜ**　風　　바람, 풍습

❖ そよ風 산들바람
❖ 風が吹く 바람이 불다

74
■ **かぜ**　風邪　　감기

❖ 風邪が流行っている 감기가 성하다
❖ 風邪がこじれる 감기가 악화되다

75
■ **かたち**　形　　모양

❖ すてきな髪の形 멋있는 머리 모양
❖ 形が崩れる 모양이 망가지다

76
■ **がつ**　~月　　~월

❖ 九月 9월
❖ 五月五日付の手紙 5월 5일자의 편지

명사

77
□ **かねもち**　金持ち　부자

- 大金持ち 큰 부자
- 世界一の金持ち 세계 제일의 부자

78
■ **かのじょ**　彼女　그 여자, 여자애인(↔彼)

- 彼女は先月結婚しました
  그녀는 지난달 결혼했습니다
- 彼にもどうやら彼女ができたらしい
  그에게도 아마 애인이 생긴 모양이다

79
■ **かべ**　壁　벽, 장벽, 장애

- 鉄壁 철벽
- 壁を塗る 벽을 바르다

80
■ **かみ**　紙　종이

- 紙切 종잇조각
- 紙一重の差で勝つ
  종이 한 장 차이로 이기다

81
■ **からだ**　体　몸, 형태

- 弱い体 약한 몸
- 体が大きい 몸뚱이가 크다

82
■ **かれ**　彼　그, 남자애인

- これは彼のものだ 이것은 그의 것이다
- 彼は韓国人だ 그는 한국 사람이다

83
■ **かれら**　彼等　그들

- 彼等の好意にお礼をする
  그들의 호의에 답례하다
- 彼等は近頃とても親しくなった
  그들은 요즘 퍽 가까워졌다

84
かわ 川 개울, 강(=河)

- 川の流れ 강의 흐름
- 大水で川があふれる 큰물로 강이 넘치다

85
かわ ~側 ~쪽, 편, 측

- 反対側 반대편
- 内側に曲げる 안쪽으로 고부라뜨리다

86
かんけい 関係 관계

- 主従関係 주종 관계
- 人間関係が難しい 인간관계가 어렵다

87
かんごふ 看護婦 간호부, 간호사

- 小児科の看護婦 소아과 간호사
- 有資格の看護婦 유자격 간호사

88
き 気 마음, 생각, 느낌, 공기

- 爽やかな秋の気 상쾌한 가을 기운
- 気の弱い男 마음이 약한 사내

89
き 木 나무

- 木を植える 나무를 심다
- 木の机 나무 책상

90
きかい 機械 기계

- 産業機械 산업기계
- 機械化部隊 기계화 부대

91 きかい　機会
기회
- 機会を狙う 기회를 노리다
- 機会を逃す 기회를 놓치다

92 きしゃ　汽車
기차
- 汽車ががくんと止まる 기차가 덜커덕 서다
- 夜汽車 밤기차

93 ぎじゅつ　技術
기술, 어떤 일을 정확하고 능률적으로 해내는 솜씨
- 高度の技術 고도의 기술
- 運転技術を身につける 운전 기술을 익히다

94 きせつ　季節
계절
- 季節の花 계절의 꽃
- 季節の変わり目 환절기

95 きそく　規則
규칙
- 規則が厳しい 규칙이 엄하다
- 規則に反する 규칙에 어긋나다

96 きっさてん　喫茶店
다방
- 駅のそばの喫茶店 역 근처의 다방
- 馴染みの喫茶店 단골다방

97 きた　北
북, 북쪽
- 北国 북국, 북쪽나라
- 北へ行く 북쪽으로 가다

JLPT N4 필수단어 | **139**

98
■ きぬ　　絹　　명주, 비단

❖ 絹100パーセント 명주 100%
❖ 絹を練る 명주를 누이다

99
■ きぶん　　気分　　기분

❖ 気分がすぐれない 기분이 언짢다
❖ 気分を新たにする 기분을 새롭게 하다

100
■ きみ　　君　　보통 친한 남자끼리 사용하는 이인칭대명사, 너, 자네, 야

❖ おや、君だったのか 어, 자네였군
❖ 君、どうしたんだね 너, 왜 그래?

101
■ きもち　　気持ち　　기분, 마음

❖ 気持ちのいい朝 기분 좋은 아침
❖ 泣きたい気持ち 울고 싶은 심정

102
■ きもの　　着物　　옷, 일본의 민속의복

❖ 着物が似合う 일본옷이 어울리다
❖ 着物を脱ぐ 옷을 벗다

103
■ きゅうこう　　急行　　급행, 급하게 감

❖ 急行は定刻通り発車した
　급행은 정각대로 발차했다
❖ 急行はこの駅に停車しない
　급행은 이 역에 정차하지 않는다

104
□ きょう　　今日　　금일, 오늘

❖ 今日の午後 오늘 오후
❖ 来週の今日 내주의 오늘(과 같은 요일)

105
■ きょういく 教育　　교육

- 学校教育 학교 교육
- 教育を受ける 교육을 받다

106
□ きょうかい 教会　　교회

- 日曜には教会に行く
  일요일에는 교회에 간다
- 教会堂 교회당

107
■ きょうそう 競争　　경쟁

- 自由競争 자유 경쟁
- 生存競争 생존 경쟁

108
■ きょうだい 兄弟　　형제(↔姉妹)

- 仲のよい兄弟 우애 있는 형제
- 男ばかりの三人兄弟 남자만의 삼형제

109
■ きょうみ 興味　　흥미

- 興味が涌く 흥미가 솟다
- 興味をそそる 흥미를 돋우다

110
■ きんじょ 近所　　이웃, 근처

- 近所迷惑 이웃에 폐를 끼침
- 近所付き合い 이웃집과의 교제

111
■ ぐあい 具合　　구합, 상태, 형편

- 体の具合が悪い 건강상태가 나쁘다
- いい具合にタクシーが来た
  마침 알맞게 택시가 왔다

명사

JLPT N4 필수단어 | **141**

112
■ **くうき** 空気 　공기, 분위기
- 室内の空気 실내의 공기
- 新鮮な空気を吸う 신선한 공기를 들이마시다

113
■ **くうこう** 空港 　공항(↔港)
- 金浦空港 김포 공항
- 空港へのアクセス 공항까지의 교통수단

114
■ **くさ** 草 　풀
- 庭の草を取る 뜰의 풀을 뽑다
- 草を刈る 풀을 베다

115
■ **くび** 首 　목, 고개, 머리, 해고
- 首になる 해고당하다, 쫓겨나다
- 首を垂れる 고개를 떨구다

116
■ **くも** 雲 　구름
- 雨雲 비구름
- 雲にかくれる 구름에 가리다

117
□ **くん** 君 　너, 자네, 야, 군
- 田中君 田中군
- 諸君 제군

118
■ **け** 毛 　털
- 髪の毛 머리털
- 毛が薄い 머리숱이 적다

119
■ **けいかく** 計画 — 계획

- 計画通り運ぶ 계획대로 진행되다
- 計画が狂う 계획이 빗나가다

120
■ **けいかん** 警官 — 경관

- 現職の警官 현직 경관
- 警官殺害の犯人 경관 살해 범인

121
■ **けいけん** 経験 — 경험

- 楽しい経験 즐거운 경험
- 経験が豊かだ 경험이 풍부하다

122
■ **けいざい** 経済 — 경제

- 自由経済 자유 경제
- 経済の動向 경제의 동향

123
■ **けが** 怪我 — 상처, 부상

- 交通事故で怪我をする 교통 사고로 다치다
- ちょっとした怪我 약간의 부상

124
■ **けしき** 景色 — 풍경, 경치

- 景色がいい 경치가 좋다
- 海岸の景色 해안의 경치

125
■ **げしゅく** 下宿 — 하숙

- 下宿屋 하숙집
- 下宿を探す 하숙을 구하다

126
□ けん　　~軒
(건물을 세는 단위) ~채, ~집

- 五軒(ごけん) 다섯 집

127
■ げんいん　原因
원인

- 原因不明(げんいんふめい) 원인 불명
- 事故の原因を究明する(じこのげんいんをきゅうめいする)
  사고의 원인을 규명하다

128
■ けんか　喧嘩
싸움

- 内輪喧嘩(うちわげんか) 집안싸움
- 喧嘩を仕掛ける(けんかをしかける) 싸움을 걸다

129
■ けんきゅう　研究
연구

- 研究室(けんきゅうしつ) 연구실
- 研究資料(けんきゅうしりょう) 연구 자료

130
■ けんぶつ　見物
구경, 구경꾼

- 芝居見物(しばいけんぶつ) 연극 구경
- 観光地を見物して回る(かんこうちをけんぶつしてまわる)
  관광지를 구경하며 다니다

131
□ ご　　御
존경과 공손을 나타냄

- 御挨拶に伺う(ごあいさつにうかがう) 인사차 찾아뵙다
- 御恩は忘れません(ごおんはわすれません)
  은혜는 잊지 않겠습니다

132
■ ご　　~語
~단어, ~말

- 単語(たんご) 단어
- 語を選ぶ(ごをえらぶ) 말을 고르다

133
□ ご　　五　　다섯, 오
- 五対三で勝つ 5대 3으로 이기다
- 五穀 오곡

134
■ こ　　子　　아이, 새끼
- 子に勝る宝なし
  자식보다 나은 보배는 없다
- 双子 쌍둥이

135
■ こうがい　郊外　교외
- 郊外生活 교외 생활
- 郊外に住む 교외에 살다

136
■ こうぎ　講義　강의
- 講義を聴く 강의를 듣다
- 言語学を講義する 언어학을 강의하다

137
■ こうぎょう　工業　공업
- 工業製品 공업 제품
- 工業団地 공업 단지

138
■ こうこう　高校　고등학교
- 高校三年になる 고등학교 3학년이 되다
- 高校の課程を修了する
  고등 학교 과정을 수료하다

139
■ こうじょう　工場　공장(=こうば)
- 工場閉鎖 공장 폐쇄
- 工場地帯 공장 지대

JLPT N4 필수단어 | **145**

140
□ こうちょう 校長　　교장

- 校長先生の訓話 교장 선생님의 훈화
- 校長に任命される 교장에 피임되다

141
■ こうつう 交通　　교통

- 交通整理 교통 정리
- 交通の混雑 교통의 혼잡

142
■ こうどう 講堂　　강당

- 狭い講堂 좁은 강당
- 講堂に集合する 강당에 집합하다

143
■ こうむいん 公務員　　공무원

- 公務員の腐敗 공무원의 부패
- 元公務員 전직 공무원

144
■ こくさい 国際　　국제

- 国際情勢 국제 정세
- 国際間の交流 국제간의 교류

145
■ こころ 心　　마음, 생각, 기분

- 心の病 마음의 병
- 心の美しい人 마음이 고운 사람

146
■ こしょう 故障　　고장, 장해

- 機械が故障する 기계가 고장나다
- 体の故障 몸의 이상[탈]

147
□ **ごぞんじ** ご存じ 잘 아심

❖ ご存じのように 잘 아시는 바와 같이
❖ どなたもご存じでしょう
어느분이나 알고 계시겠지요

148
■ **こたえ** 答え 대답, 답

❖ 呼んでも答えがない 불러도 대답이 없다
❖ 問題に対する答え
문제에 대한 답[해답]

149
■ **ごちそう** ご馳走 맛있는 음식, 음식을 대접함

❖ ご馳走を並べる 성찬을 차려 놓다
❖ 就職祝いにご馳走する
취직 축하로 한턱내다

150
□ **こっち** 이 쪽, 이 분, 여기

❖ こっちへ来い 이리 와
❖ こっちもそっちと同じだ
여기도 거기와 마찬가지다

151
□ **こと** 事 일, 것, 사정

❖ この事があって後 이 일이 있은 뒤
❖ 去年の事だ 작년의 일이다

152
■ **ことり** 小鳥 작은 새

❖ 小鳥のさえずり 새의 지저귐
❖ 小鳥を飼う 새를 기르다

153
■ **このあいだ** この間 지난번, 요전

❖ この間は失礼しました
지난번에는 실례했습니다
❖ この間の晩 요전 날 밤

명사

154 ■ このごろ　この頃　근래, 요즈음, 최근

- この頃の天候 요즈음의 일기
- この頃頭がぼけてきた 요즘 머리가 멍청해졌다

155 ■ ごみ　塵　먼지, 티끌

- 塵捨て場 쓰레기 버리는 곳
- 塵だらけの廊下 먼지투성이의 복도

156 ■ こめ　米　쌀

- 米屋 쌀가게
- 米をとぐ 쌀을 씻다

157 ■ こんど　今度　이번, 이 다음

- 今度の選挙 이번 선거
- 今度、会いましょう 이다음에 만납시다

158 □ こんや　今夜　오늘밤, 오늘저녁(↔今朝)

- 今夜は満月だ 오늘 밤은 만월이다
- 今夜でんわします 오늘 저녁 전화하겠습니다

159 ■ さい　~歳　(나이)~세

- 歳月 세월
- 満で五歳 만으로 다섯 살

160 ■ さいきん　最近　최근

- 最近の景気 최근의 경기
- 最近の経済[政治]情勢 최근의 경제[정치] 정세

161
■ さいご　最後
최후(↔最初), 맨뒤
- 最後の列 맨 뒷줄
- 最後の切り札 마지막으로 쓰는 비상 수단

162
■ さいしょ　最初
최초(↔最後), 맨처음
- 最初の給料 최초의 급료
- 最初から知っている 처음부터 알고 있다

163
□ さいふ　財布
지갑
- 革の財布 가죽 지갑
- 財布を拾う 지갑을 줍다

164
□ さか　坂
언덕, 비탈
- 坂を下る 비탈길을 내려가다
- 険しい坂を登る 가파른 비탈을 올라가다

165
■ さつ　~冊
~권
- 上下二冊からなる本 상하 2권으로 된 책
- 一冊の本 책 한 권

166
□ さま　~様
~하는 방법, ~하는 모양
- 静かな様 조용한 모습
- ひどい様 지독한 꼴

167
□ さん　三
셋, 삼
- 三人 세 명
- 三月 삼월

168
□ さん

남의 이름, 직업명 밑에 붙여 존경의 뜻을 나타냄

- お父さん 아버님
- 西山さん 니시야마님

169
□ さんぎょう　産業

산업

- 半導体産業 반도체 산업
- 産業が発達する 산업이 발달하다

170
■ じ　　　字

글씨

- 字が読めない 글자를 못 읽다
- 字がうまい 필적이 좋다

171
■ しあい　　試合

시합

- 試合に出る 경기에 나가다
- 野球の試合 야구 경기

172
■ しかた　　仕方

방법, 수단

- 埃拶の仕方 인사하는 방법
- 勉強の仕方が悪い
  공부하는 방법이 나쁘다

173
■ しき　　　式

식, 의식, 행사

- 式を挙げる 식을 올리다
- 西洋式 서양식

174
■ しけん　　試験

시험

- 入学試験 입학 시험
- 資格試験 자격 시험

175
■ じこ　事故　**사고**
- 交通事故 교통 사고
- 衝突事故 충돌 사고

176
■ じしん　地震　**지진**
- 地震の被害 지진의 피해
- 地震を感知する 지진을 감지하다

177
■ した　下　**아래, 밑, 하류**
- 上は黒く下は白い 위는 검고 아래는 희다
- 机の下 책상 아래

178
■ じだい　時代　**시대**
- 時代の移り変り 시대의 변천
- 宇宙時代 우주 시대

179
■ したぎ　下着　**속옷(↔上着), 내복**
- 汗ばんだ下着 땀이 밴 속옷
- 冬物の下着 겨울 속옷

180
□ したく　支度　**준비, 채비**
- 旅支度 여행채비
- 昼の支度をする 점심 준비를 하다

181
■ しっぱい　失敗　**실패**
- 失敗を教訓にする 실패를 거울로 삼다
- 失敗は成功の元 실패는 성공의 원인(어머니)

JLPT N4 필수단어 | **151**

182
■ じてん 辞典 사전

- 小型辞典 소형 사전
- 漢和辞典 한화 사전

183
■ しなもの 品物 물건, 물품

- 変わった品物だ 색다른 물건이다
- 品物を仕入れる 물품을 사들이다

184
■ しま 島 섬

- 島国 섬나라
- 島の大半を領する 섬의 태반을 차지하다

185
□ しみん 市民 시민

- 市民運動 시민운동
- 市民権を獲得した 시민권을 획득하였다

186
□ じむしょ 事務所 사무소

- 事務所は路地に面していた
  사무실은 골목길에 면해 있었다

187
■ しゃかい 社会 사회

- 社会の仕組み 사회의 구조
- 地域社会 지역사회

188
□ しゃちょう 社長 사장

- 社長のお呼びを受ける
  사장님의 부르심을 받다
- 社長の命令だから仕様がない
  사장의 명령이니 하는 수 없다

189
□ **しゅうかん** 週間 — 어떤 행사가 진행되는 1주간

- 週間天気予報 주간 일기 예보
- 読書週間 독서 주간

190
■ **じゅうしょ** 住所 — 주소

- 現住所 현주소
- 住所変更届 주소 변경 신고

191
■ **しゅっせき** 出席 — 출석(↔欠席)

- 出席率 출석률
- 出席を取る 출석을 조사하다

192
■ **しゅっぱつ** 出発 — 출발(↔到着)

- 出発信号 출발 신호
- 出発に際して 출발에 즈음하여

193
■ **しゅみ** 趣味 — 취미, 취향

- 趣味のない人 취미가 없는 사람
- 私の趣味に合う 나의 취향에 맞다

194
□ **じゅんび** 準備 — 준비

- 外貨準備 외화 준비
- 下準備 사전 준비

195
□ **しょうかい** 紹介 — 소개

- 紹介状 소개장
- 自己紹介 자기 소개

196
■ **しょうがつ** 正月 　설, 1월

- ❖ 正月休み 정초 휴가
- ❖ 正月の準備に追われる 설 준비에 쫓기다

197
■ **しょうがっこう** 小学校 　초등학교

- ❖ 七つで小学校に上がる
  일곱 살에 초등학교에 들어가다
- ❖ 付設小学校 부설 소학교

198
■ **しょうせつ** 小説 　소설

- ❖ 推理小説 추리 소설
- ❖ 長編小説 장편 소설

199
■ **しょうたい** 招待 　초대

- ❖ 招待客 초대객 초대 손님
- ❖ 招待を受ける 초대를 받다

200
■ **しょうち** 承知 　승낙, 동의, 잘 알고 있음

- ❖ 承知の上でやった事だ 알고서 한 일이다
- ❖ ご承知の通り 아시는 바와 같이

201
■ **しょうらい** 将来 　장래

- ❖ 近い将来 가까운 장래
- ❖ 将来のある青年
  장래가 있는[유망한] 청년

202
■ **しょくじ** 食事 　식사

- ❖ 食事時 식사 때
- ❖ 軽い食事 가벼운 식사

203
■ **じょせい** 女性 **여성**
- 女性美 여성미
- 女性観 여성관

204
■ **じんこう** 人口 **인구, 소문**
- 人口密度が高い 인구밀도가 높다
- 人口が増える 인구가 늘다

205
■ **じんじゃ** 神社 **신사, 일본의 신을 모시는 곳**
- 神社仏閣 신사와 불각
- 神社に参拝する 신사에 참배하다

206
□ **しんぱい** 心配 **걱정, 근심, 걱정**
- 心配の種 걱정거리
- 子供の将来が心配だ
  아이의 장래가 걱정이 된다

207
■ **すいえい** 水泳 **수영**
- 水泳コーチ 수영 코치
- 水泳選手 수영 선수

208
■ **すいどう** 水道 **수도, 상수도, 공업 용수의 공급시설**
- 水道料 수도요금
- 水道が断水になる 수도가 단수되다

209
□ **すいようび** 水曜日 **수요일**
- 今日は、ええ、水曜日ですね
  오늘은, 저어, 수요일이지요
- 部品は水曜日まで納めます
  부품은 수요일까지 납품하겠습니다

명사

JLPT N4 필수단어 | **155**

210
■ **すな** 砂 모래

❖ 砂を掻き分けてさがす
모래를 헤집고 찾다
❖ 砂の上を裸足で歩く
모래 위를 맨발로 걷다

211
■ **すみ** 隅 구석, 귀퉁이

❖ 部屋の隅 방구석
❖ 隅から隅まで捜す 구석구석을 찾다

212
■ **すり** 소매치기

❖ すりを働く 소매치기를 하다
❖ すり御用心 소매치기 조심

213
□ **せい** 背 등, 키, 신장(=せ)

❖ 背比べ 키대보기
❖ 背の高い人 키가 큰 사람

214
■ **せいかつ** 生活 생활

❖ 家庭生活 가정 생활
❖ 社会生活 사회 생활

215
■ **せいじ** 政治 정치

❖ 議会政治 의회 정치
❖ 立憲政治 입헌 정치

216
■ **せいよう** 西洋 서양(↔東洋)

❖ 西洋画家 서양 화가
❖ 西洋の文物 서양의 문물

217
■ **せかい** 世界 세계
- 世界を一周する 세계를 일주하다
- 世界に名をとどろかす 세계에 이름을 떨치다

218
■ **せき** 席 좌석, 지위
- 席に着く 좌석에 앉다, 착석하다
- 席を譲る 자리를 양보하다

219
□ **せっけん** 비누
- せっけんの泡 비누 거품
- せっけんで目がひりひりする 비눗물 때문에 눈이 따끔따끔하다

220
■ **せつめい** 説明 설명
- 説明書 설명서
- 説明不足 설명 부족

221
■ **せなか** 背中 등, 뒷면, 뒤쪽
- 背中をまっすぐに伸ばす 서로 등을 꼿꼿이 펴다
- 背中を丸めて座る 등을 구부리고 앉다

222
□ **ぜひ** 是非 시비, 옳고 그름, 꼭
- 是非を正す 시비를 가리다
- 事の是非を論ずる 일의 가부를 논하다

223
□ **せわ** 世話 보살핌, 성가심, 번거로움
- 病人の世話をする 병자를 보살피다
- 母のない子供を世話している 어머니 없는 아이를 돌보고 있다

명사

JLPT N4 필수단어 | **157**

224
■ **せん** 　　線 　　선, 줄

❖ 線を引く 선[줄]을 긋다, 한계를 짓다
❖ 線路 선로

225
■ **せんそう** 　戦争 　전쟁

❖ 戦争孤児 전쟁 고아
❖ 戦争ごっこ 전쟁 놀이

226
■ **せんたく** 　洗濯 　세탁

❖ 洗濯狭み 빨래집게
❖ 洗濯に出す 세탁하러 보내다

227
■ **せんぱい** 　先輩 　선배(↔後輩)

❖ 高校の先輩 고교의 선배
❖ 先輩を訪問する 선배를 찾다

228
■ **せんもん** 　専門 　전문

❖ 専門課程 전문 과정
❖ 専門病院 전문 병원

229
■ **そうだん** 　相談 　상담

❖ 人生相談 인생상담
❖ 身の上相談 신상 상담

230
■ **そこ** 　　　　　거기, 그 곳

❖ そこに居たのか 거기 있었느냐?
❖ そこが私の家です
　거기가 제 집입니다

명사

231
■ **そつぎょう** 卒業　　졸업

* 卒業証書 졸업 증서
* 卒業式 졸업식

232
■ **その**　　그, 그것

* その花をごらん 그 꽃을 보아요
* その右側だ 그 오른쪽이다

233
■ **そふ**　祖父　　조부(↔そぼ), 할아버지

* 祖父の遺品を整理する
  조부의 유품을 정리하다
* 祖父は昔校長だった
  조부는 작년에 영면하셨습니다

234
■ **そぼ**　祖母　　조모(↔祖父)

* 田舎の祖母 시골 할머니
* 祖母は今年米寿です
  조모는 올해 미수(88세)입니다

235
□ **だい**　台　　선반, 받침대

* 玉突き台 당구대
* ろうそくの台 촛대

236
□ **だい**　代　　대, 가문의 계승 기간

* 親の代から始めた商売
  부모의 대부터 시작한 장사
* 代が変わる 대가 바뀌다

237
□ **たいいく**　体育　　체육

* 体育は必修とする 체육은 필수로 한다
* 体育協会 체육 협회

238
■ **たいいん** 退院 퇴원

❖ 病気が全快して退院する
병이 완쾌되어 퇴원하다

239
■ **だいがくせい** 大学生 대학생

❖ 大学生としての誇りを持つ
대학생으로서의 긍지를 갖다

❖ 女子大学生 여자대학생

240
■ **たいふう** 台風 태풍

❖ 台風警報 태풍 경보

❖ 台風が発生する 태풍이 발생하다

241
□ **たいへん** 大変 큰일, 대사건, 큰변고

❖ 国家の大変 국가의 대사건

❖ それは大変だ 그것 참 큰일이다

242
■ **たな** 棚 선반, 육지의 경사가 바다로 뻗은 곳

❖ 棚を吊る 선반을 달다

❖ 棚の上をはたく 선반 위를 털다

243
■ **たのしみ** 楽しみ 즐거움, 낙, 취미

❖ 楽しみで絵を描くのではない
재미로 그림을 그리는 것은 아니다

❖ 人生の楽しみも苦しみも知っています
인생의 즐거움도, 괴로움도 알고 있습니다

244
■ **だんせい** 男性 남성

❖ 男性美 남성미

❖ 頼もしい男性 믿음직스러운 남성

명사

245
■ だんぼう　暖房　　난방

* 暖房のきいた部屋　난방이 잘 된 방
* 中央暖房装置　중앙 난방장치

246
■ ち　血　　피, 혈액, 핏줄

* 血を流す　피를 흘리다
* 血は争えない　피는 못 속인다

247
□ ちかく　近く　　가까운 곳, 근처

* 近くの交番　근처의 파출소
* 遠い親類より近くの他人　먼 일가보다 가까운 남(이 낫다)

248
■ ちから　力　　힘, 능력, 효력.

* 力を出す　힘을 내다
* 力が強い　힘이 세다

249
■ ちち　父　　아버지, 자신의 부친을 남에게 말할 때의 호칭

* 父の日　아버지의 날
* 義理の父　의부, 의붓아버지

250
■ ちゅう　中　　중, 중간, 한가운데, 안, 속

* 上中下　상중하
* 中の上の成績　중상(中上)의 성적

251
■ ちゅうい　注意　　주의, 조심

* 注意すべき事実　주의해야 할 사실
* 注意深い　주의 깊다

252
- **ちゅうがっこう** 中学校 중학교
  - 中学校に通う 중학에 다니다
  - 中学校三年生 중학 3학년생

253
- **ちゅうし** 中止 중지
  - 発売中止 발매중지
  - 雨で試合が中止される 비로 경기가 중지되다

254
- **ちゅうしゃ** 注射 (의학)주사
  - 注射液 주사액
  - 予防注射 예방 주사

255
- **ちゅうしゃじょう** 駐車場 주차장
  - 有料駐車場 유료 주차장
  - 立体駐車場 입체주차장

256
- **ちり** 地理 지리
  - 自然地理 자연 지리
  - 人文地理 인문 지리

257
- **つき** ~月 ~달
  - ひと月ふた月 한 달 두 달
  - 月に1回集まる 한 달에 한 번 모이다

258
- **つき** 月 달
  - 月の表面 달의 표면
  - 月が変わる 달이 바뀌다

259
■ つぎ　次　다음
* 次の日曜日 다음 일요일
* 次の世代 다음 세대

260
■ つごう　都合　사정, 형편
* 都合のよい日 형편이 좋은 날
* 都合よく家にいた 때마침 집에 있었다

261
■ つま　妻　아내, 처
* 年上の妻 연상의 아내
* 妻をめとる 아내를 얻다

262
■ つもり　積もり　생각, ~할셈, 속셈(=心算)
* ぜひとも成功させる積もりだ
  무슨 일이 있어도 성공시킬 작정이다
* そんな積もりではなかった
  그럴 생각은 아니었다

263
■ てぶくろ　手袋　장갑
* 手袋をとる 장갑을 벗다
* 手袋をはめる 장갑을 끼다

264
■ てら　寺　절
* 寺の境内 사찰의 경내
* 寺の宝物 절의 보물

265
□ てん　点　점, 작은 표시, 점수
* 点をつける 채점하다
* 重要な語句の傍に点を打つ
  중요한 어구 곁에 점을 찍다

명사

266
■ てんいん　店員　점원

- 住み込みの店員
  주인 집에서 숙식을 하면서 일하는 점원
- 女店員 여점원

267
□ てんきよほう　天気予報　일기 예보

- 明日は雨が降るとの天気予報でした
  내일은 비가 내린다는 일기 예보였습니다
- 正確な天気予報 정확한 일기예보

268
■ でんとう　電灯　전등

- 電灯をつける 전등을 켜다
- 懐中電灯 회중 전등

269
■ でんぽう　電報　전보

- 電報[手紙]はまだ受け取っていない
  전보[편지]는 아직 받지 않았다
- 至急電報 지급 전보

270
■ てんらんかい　展覧会　전람회

- 展覧会を開く 전람회를 열다
- 展覧会に入選する 전람회에 입선하다

271
■ と　戸　문, 출입문, 대문

- 戸を開ける 문을 열다
- 戸を叩く 문을 두드리다

272
■ どうぐ　道具　도구

- 道具を取り揃える 도구를 챙기다
- 政争の道具にする 정쟁의 도구로 삼다

명사

273
□ **どうぶつえん** 動物園 동물원

❖ 動物園へ行く 동물원에 가다
❖ 動物園で象を見る
동물원에서 코끼리를 보다.

274
■ **とおく** 遠く 먼곳

❖ 遠くの山 먼 곳의 산
❖ 遠くへ行く 먼 곳으로 가다

275
■ **とおり** 通り 길, 도로

❖ 広い通り 넓은 길
❖ 賑やかな通り 번화한 도로[거리]

276
□ **とき** 時 때, 시간, 시각

❖ 時が経てば 시간이 지나면
❖ 時の経つのも忘れる
시간이 지나는 것도 잊어버리다

277
■ **とこや** 床屋 이발소

❖ 上手な床屋 잘하는 이발관
❖ 帰りに床屋に寄る
돌아오는 길에 이발소에 들르다

278
□ **とし** 年 해, 년

❖ 年が明ける 새해가 되다
❖ 年が変わる 해가 바뀌다, 새해가 되다

279
■ **とちゅう** 途中 도중

❖ 途中でやめる 도중에서 그만두다
❖ 途中下車 도중 하차

280
■ **とっきゅう** 特急　　**특급**

* 大阪行き特急 오오사카행 특급
* 特急で頼む 특급으로 부탁하다

281
□ **どっち**　　**어느 쪽, 어디**

* どっちへ行こうか 어느 쪽으로 갈까?
* 駅はどっちですか 역은 어느 쪽입니까?

282
■ **どろぼう** 泥棒　　**도둑**

* 泥棒根性 도둑 근성
* 泥棒が入る 도둑이 들다

283
■ **におい** 匂い　　**냄새**

* 匂い袋 향낭(香囊), 향주머니
* ばらの匂いをかぐ 장미의 향기를 맡다

284
■ **にっき** 日記　　**일기**

* 日記をつける 일기를 적다
* 育児日記 육아일기

285
■ **にゅういん** 入院　　**입원(↔退院)**

* 入院患者 입원 환자
* 入院応需 입원 설비가 되어 있음

286
■ **にゅうがく** 入学　　**입학**

* 入学式 입학식
* 入学金 입학금

287
■ **にんぎょう** 人形　인형

- フランス人形 프랑스 인형
- まるで人形のようにかわいい子 마치 인형처럼 귀여운 아이

288
■ **ねだん** 値段　값, 가격

- 値段の張る品 값이 비싼 물건
- 手頃な値段 적당한 값

289
■ **ねつ** 熱　열, 기후가 더움

- 熱を加える 열을 가하다
- 熱が出る 열이 나다

290
■ **のど**　목

- のどが乾く 목이 마르다
- 悲しくて飯がのどを通らない
  슬퍼서 밥이 목을 넘어가지 않는다

291
□ **のりもの** 乗り物　탈것, 교통기관

- 乗り物に乗る 탈것에 타다
- 乗り物の便がよい 교통편이 좋다

292
■ **は** 歯　이빨, 톱니

- 歯が生える 이가 나다
- 歯が痛む 이가 아프다

293
■ **ばあい** 場合　경우, 사정, 형편

- 万一の場合 만일의 경우
- 欠席する場合には 결석할 경우에는

JLPT N4 필수단어 | **167**

294
■ ばい　　倍　　어떤 수의 두 배

- 所得が倍になる 소득이 갑절이 되다
- 十倍 열 곱절, 10배

295
■ はい　　肺　　폐

- 肺炎 폐렴
- 肺が痛む 폐가 아프다

296
■ はい　　~杯　　술잔, ~잔

- 杯を重ねる 잔을 거듭하다
- コップ一杯の水 컵 한잔의 물

297
■ はいけん　　拝見　　삼가 봄

- お手紙拝見しました
  보내주신 편지 잘 받아보았습니다
- それではお手並み拝見します
  그러면 솜씨를 보겠습니다

298
■ はいしゃ　　歯医者　　치과의사, 치과

- 歯医者に通う 치과에 다니다

299
■ はし　　端　　끝, 가장자리

- ひもの端 끈의 끝
- 新聞を端から端まで読む
  신문을 처음부터 끝까지 읽다

300
□ ばしょ　　場所　　장소

- 時と場所 때와 장소
- 指定の場所 지정된 장소

301 はつおん 発音 — 발음
- 発音器官 발음 기관
- 発音符号 발음 부호

302 はな 鼻 — 코
- 鼻が詰まる 코가 막히다
- 鼻で息をする 코로 숨을 쉬다

303 はなみ 花見 — 꽃구경
- 花見の興 꽃놀이에서의 좌흥
- 花見に行く 꽃구경 가다

304 はる 春 — 봄, 청춘기
- 春の息吹き 봄의 숨결
- 春になった 봄이 되었다

305 はやし 林 — 숲
- ビルの林 빌딩 숲
- 林を画材とする 숲을 화재로 삼다

306 ばん ~番 — ~번
- 四番打者 4번 타자
- 番が回ってくる 순번이 돌아오다

307 ばん 晩 — 밤, 저녁
- 晩ご飯 저녁밥
- 晩のうちに雨が降った 밤 사이에 비가 내렸다

308
■ **はん** 半 — 반, 절반, 중간

❖ 5時半に会いましょう
5시반에 만납시다

❖ 半カップの醤油を入れる
반 컵의 간장을 넣다

309
■ **ばんぐみ** 番組 — 프로그램, 방송순서

❖ 通俗的なテレビ番組
통속적인 텔레비전 프로그램

❖ トーク番組 이야기 프로그램

310
■ **ひ** 日 — 해, 날

❖ 敬老の日 경로의 날

❖ 日ごろの鬱憤を晴らす
평소의 울분을 풀다

311
■ **ひ** 火 — 불

❖ ろうそくの火が揺れる 촛불이 흔들리다

❖ マッチの火が燃える 성냥불이 타다

312
■ **ひがし** 東 — 동쪽, 동

❖ 東を向く 동쪽을 향하다

❖ 東の空が白む 동녘 하늘이 밝아오다

313
□ **ひかり** 光 — 빛

❖ 光と影 빛과 그림자

❖ 光を失う 빛을 잃다

314
□ **ひきだし** 引き出し — 서랍

❖ 机の引き出しにノートを入れる
책상 서랍에 노트를 넣다

❖ 引き出しを開ける 서랍을 열다

315
■ ひげ 髭 **수염**
- 髭が似合う 수염이 어울리다
- 髭を生やす 수염을 기르다

316
□ ひこうじょう 飛行場 **비행장(=エアポート)** *空港(くうこう) 공항
- 飛行場に着いたのは3時すぎだった
  비행장에 도착한 것은 3시 넘어서였다

317
□ ひさしぶり 久しぶり **오래간만**
- 久しぶりの再会、嬉しかった
  오래간만의 재회 기뻤다
- やあ、お久しぶりですね
  야, 오래간만이군요

318
□ びじゅつかん 美術館 **미술관**
- ルーブル美術館に行ってきた
  루브르 미술관에 갔다 왔다
- 美術館に隣接する公園
  미술관에 인접한 공원

319
■ ひとり 一人 **한 사람, 혼자**
- 社会の中の一人 사회 속의 한 사람
- わたしの友人の一人 내 친구의 한 사람

320
□ ひるま 昼間 **낮, 주간**
- 昼間から酒を飲む 낮부터 술을 마시다
- 昼間は勤めに出る 낮에는 일을 나가다

321
■ ひるやすみ 昼休み **점심 시간**
- 昼休みを利用する 점심시간을 이용하다
- 会議が長引いて昼休み時間に食い込む
  회의가 길어져 점심시간에도 계속되다

JLPT N4 필수단어 | **171**

322
■ ふく 服 　 옷, 특히 양복

❖ 色のあせた服 퇴색한 양복
❖ 子供に服を着せる 아이에게 옷을 입히다

323
■ ふくしゅう 復習 　 복습(↔予習)

❖ 学校で習ったことは帰ってから必ず復習する 학교에서 배운 것은 집에 돌아가서 반드시 복습한다
❖ 予習よりも復習に力を入れる 예습보다 복습에 힘쓰다

324
□ ふつう 普通 　 보통

❖ 普通そう言っている 보통 그렇게 말하고 있다
❖ 彼の成績は普通だ 그의 성적은 보통이다

325
■ ふとん 布団 　 이부자리, 이불과요

❖ 座布団 방석
❖ 布団を掛ける 이불을 덮다

326
■ ふね 舟 　 배(=船)

❖ 舟で行く 배로 가다
❖ 舟に酔う 뱃멀미를 하다

327
■ ぶんがく 文学 　 문학

❖ ユートピア文学 유토피아 문학
❖ 文学に取っては冬の季節だ 문학에 있어서는 겨울과 같은 계절이다

328
■ ぶんぽう 文法 　 문법

❖ 英文法 영문법
❖ 文法に合わない文章 문법에 맞지 않는 문장

329 へん　辺　근처, 근방

- その辺に置いたはずだ
  그 근처에 두었을 것이다
- 東京辺では 도쿄 근방에서는

330 へんじ　返事　대답, 회답, 편지의 답장

- 大きな声で返事をする
  큰 소리로 대답하다
- 怒って返事もしない
  화를 내어 대답도 하지 않다

331 ぼうえき　貿易　무역

- 貿易の不振にあえぐ
  무역의 부진에 허덕이다
- 貿易の不均衡を是正する
  무역의 불균형을 시정하다

332 ほうそう　放送　방송

- テレビ放送 텔레비전 방송
- 生中継で放送する 생중계로 방송하다

333 ほうりつ　法律　법률

- 法律を定める 법률을 정하다
- 法律に照らして処分する
  법률에 비추어 처분하다

334 ほか　外　겉, 밖, 그외(=他)

- 思いの外難しい 예상 밖으로 어렵다
- 外の人 딴사람

335 ぼく　僕　나, 남성용 일인칭 대명사

- 君と僕、永遠に一緒だよ
  너와 나, 영원이 함께 있어
- 僕が食べたよ 내가 먹었어

336
□ **ほし** 星 　　별

- 星の煌めき 별의 반짝임
- 星の動きを観察する
  별의 움직임을 관찰하다

337
□ **ほとんど** 　　대개, 대부분

- ほとんどが駄目になった
  대부분이 못쓰게 됐다
- 彼らのほとんどが賛成した
  그들의 대부분이 찬성했다

338
■ **ほんやく** 翻訳 　　번역

- 翻訳がうまい 번역을 잘하다
- 翻訳できない言葉 번역할 수 없는 말

339
■ **まわり** 周り 　　주변, 근처

- 周リに知っている人がいない
  주변에 아는 사람이 없다

340
■ **まんが** 漫画 　　만화

- 漫画を描く 만화를 그리다
- それは漫画的だ 그것은 만화적이다

341
■ **まんなか** 真ん中 　　한가운데, 한복판

- 海の真ん中にある島
  바다 한복판에 있는 섬
- 部屋の真ん中に座る 방 한가운데 앉다

342
□ **みずうみ** 湖 　　호수

- 湖のほとり 호수의 언저리
- 静かな湖 고요한 호수

343
■ **みそ** 味噌 **된장**
- 味噌ラーメン 된장 라면
- 味噌汁 된장국

344
■ **みち** 道 **길**
- 道を歩く 길을 걷다
- 道に迷う 길을 잃다

345
□ **みどり** 緑 **녹색**
- 緑のおばさん 녹색어머니
- 松の緑 소나무의 푸르름

346
□ **みな** 皆 **모두, 전부, 다**
- 我々皆 우리 모두
- 皆同じです 다 같습니다

347
□ **みなと** 港 **항구**
- 船が港に寄る 배가 기항하다
- 船が港を出る 배가 항구를 나가다

348
■ **むかし** 昔 **옛날**
- 昔の話 옛날 이야기
- 昔はよかった 옛날은 좋았다

349
■ **むこう** 向こう **건너편, 저쪽, 상대편**
- 向こうの家 맞은편 집
- 向こう岸 건너편 물가

JLPT N4 필수단어 | **175**

350
- **むし** 虫 벌레, 곤충
  - 虫が食った本 좀먹은 책
  - 虫の音 벌레 소리

351
- **むすこ** 息子 아들
  - 息子の過ちをとがめる 자식의 잘못을 책하다
  - 息子の将来に期待をかける 자식의 장래에 기대를 걸다

352
- **むすめ** 娘 딸, 처녀
  - 適齢期の娘がいる 적령기의 딸이 있다
  - 娘を嫁がせる 딸을 출가시키다

353
- **むら** 村 마을
  - 海辺の村 바닷가의 마을
  - 村はずれの一軒家 동네 밖의 외딴집

354
- **もうふ** 毛布 모포, 담요
  - 毛布を引っかぶる 모포를 둘러쓰다
  - 毛布にくるまって寝る 담요를 뒤집어쓰고 자다

355
- **もめん** 木綿 솜, 무명, 면
  - 木綿を買ってふとんを作る 무명을 바꾸어 이불을 꾸미다

356
- **やくそく** 約束 약속
  - 約束の地 약속의 땅
  - 約束を守る人 약속을 지키는 사람

357
■ ゆ 湯
뜨거운 물, 온천

- ぬるま湯 미지근한 (목욕)물
- 湯を沸かす 물을 끓이다

358
□ ゆうはん 夕飯
저녁밥(=夕食, 晩ご飯)

- 夕飯を食べる 저녁밥을 먹다
- 夕飯にしよう 저녁 식사를 하기로 하자

359
■ ゆうべ 夕べ
저녁때

- 夕べの鐘 저녁 종
- 夕べの祈りをしている
  저녁 기도를 하고 있다

360
■ ゆしゅつ 輸出
수출(↔輸入)

- 輸出産業 수출 산업
- 輸出税 수출세

361
□ ゆにゅう 輸入
수입(↔輸出)

- 輸入ひんもく 수입 품목
- 輸入を規制する 수입을 규제하다

362
■ ゆび 指
손가락

- 親指 엄지손가락
- 人差指 집게손가락, 인지

363
■ ゆびわ 指輪
반지

- 婚約指輪 약혼 반지
- 純金の指輪 순금 반지

명사

JLPT N4 필수단어 | **177**

364
■ ゆめ　　夢　　꿈

- 恐(おそ)ろしい夢(ゆめ)を見(み)る 무서운 꿈을 꾸다
- 夢(ゆめ)から覚(さ)めた 꿈에서 깨어났다

365
■ よう　　用　　용무, 용건

- 急(いそ)ぎの用(よう) 급한 볼일
- 大事(だいじ)な用(よう)を控(ひか)えている 중요한 용무를 앞두고 있다

366
■ ようい　　用意　　준비

- 昼食(ちゅうしょく)を用意(ようい)して待(ま)つ 점심을 준비해 놓고 기다리다
- 旅行(りょこう)の用意(ようい)をする 여행 채비를 하다

367
■ ようじ　　用事　　볼일, 용건

- 用事(ようじ)で大阪(おおさか)へ行(い)く 용무로 오오사카에 가다
- 別(べつ)に用事(ようじ)がない 별로 볼일이 없다

368
■ よしゅう　　予習　　예습

- 明日(あす)の予習(よしゅう) 내일의 예습
- 塾(じゅく)の予習(よしゅう)をする 학원의 예습하다

369
■ よてい　　予定　　예정

- 予定日(よていび) 예정일
- 予定(よてい)が狂(くる)う 예정이 틀어지다

370
■ よやく　　予約　　예약

- 予約金(よやくきん) 예약금
- 予約販売(よやくはんばい) 예약 판매

371
■ よる　　夜　　밤
- 夜(よる)も昼(ひる)も 밤이나 낮이나
- 夜(よる)の世界(せかい) 밤의 세계

372
■ りゆう　　理由　　이유
- 然(しか)るべき理由(りゆう) 마땅한 이유
- 理由(りゆう)を問(と)いただす 이유를 캐어묻다

373
■ りよう　　利用　　이용
- 廃物(はいぶつ)利用(りよう) 폐물 이용
- 多面(ためん)に渡(わた)って利用(りよう)価値(かち)がある
  다방면에 걸쳐 이용 가치가 있다

374
□ りょうほう　　両方　　양방
- 両方(りょうほう)の手(て) 양쪽 손
- 両方(りょうほう)とも悪(わる)い 양쪽 모두 나쁘다

375
■ りょかん　　旅館　　여관
- 温泉(おんせん)旅館(りょかん) 온천 여관
- 駅前(えきまえ)の旅館(りょかん)に泊(と)まる 역전의 여관에 묵다

376
■ るす　　留守　　부재중
- 留守(るす)に泥棒(どろぼう)が入(はい)る 부재중에 도둑이 들다
- 1年(いちねん)ほど家(いえ)を留守(るす)にする
  1년쯤 집을 떠나 있다

377
■ れい　　　　영, 제로(=ゼロ)
- 3対(さんたい)0(れい)で負(ま)ける 3대 0으로 지다
- 数学(すうがく)0点(れいてん) 수학 0점

명사

JLPT N4 필수단어 | 179

378
■ れきし　　歴史　　역사

- 歴史に残る大人物 역사에 남는 대인물
- 鉄道の歴史 철도의 역사

379
■ れんらく　　連絡　　연락

- 連絡網 연락망
- 連絡がぱったりと絶えた
  연락이 뚝 끊어졌다

380
■ わけ　　訳　　의미, 도리, 사정, 이유

- 訳の分からない人
  사리를 잘 모르는 사람
- 深い訳がある 깊은 사정이 있다

381
■ わすれもの　　忘れ物　　분실물, 물건을 잊고 옴

- 忘れ物をする 물건을 잊다
- 雨の日は傘の忘れ物が多い
  비 오는 날에는 우산을 많이 잊어버린다

382
□ わたし　　私　　나

- 私達 우리(들)
- 私の本 내 책

383
□ わりあい　　割合　　비율

- 陸と海との面積の割合は1対3だ
  육지와 바다와의 면적 비율은 1대3이다
- 老人の割合がだんだん大きくなる
  노인의 비율이 점점 많아지다

동사

New JLPT Level 4

384
□ **あいさつする** 挨拶する 인사하다

- 挨拶しても知らん振りだ
  인사해도 모르는 체하다
- 合掌して挨拶する 합장하고 인사하다

385
■ **あう** 合う 맞다, 일치하다, 조화되다

- 靴が足に合う 구두가 발에 맞다
- ふたりの意見が合う
  두 사람의 의견이 일치하다

386
■ **あがる** 上がる 오르다, 들어오다, 이르다

- 二階に上がる 2층에 올라가다
- 階段を上がってくる 층계를 올라오다

387
■ **あく** 開く 열리다, 열다

- 風で戸が開く 바람에 문이 열리다
- 箱のふたが開く 상자 뚜껑이 열리다

388
■ **あける** 開ける 열다, 펴다

- ふた[戸]を開ける 뚜껑[문]을 열다
- 店を開ける 가게를 열다

389
■ **あげる** 上げる 올리다, 들다

- 幕を上げる 막을 올리다
- 錨を上げる 닻을 올리다

JLPT N4 필수단어 | **181**

390
□ **あげる**　　　　　주다, ~해주다

❖ 友だちにペンをあげました
친구에게 펜을 주었습니다.
❖ 友だちに説明してあげる
친구에게 설명해 주다

391
■ **あつまる**　集まる　모이다, 떼를 짓다

❖ 都市に集まる人口　도시로 모여드는 인구
❖ 金が集まる　돈이 모이다

392
■ **あつめる**　集める　모으다

❖ 切手を集める　우표를 수집하다
❖ 人員を集める　인원을 모으다

393
■ **あやまる**　謝る　사과하다

❖ 無礼を謝る　무례함을 사과하다
❖ あっさり謝る　깨끗이 사과하다

394
■ **いきる**　生きる　살다, 생존하다, 생활하다

❖ 愛のために生きる　사랑을 위해 살다
❖ 百歳まで生きる　백 살까지 살다

395
■ **いじめる**　苛める・虐める　괴롭히다, 귀찮게 하다

❖ 弟を苛める　동생을 괴롭히다
❖ 動物を苛めてはいけない
동물을 학대해서는 안 된다

396
■ **いそぐ**　急ぐ　서두르다

❖ 急いで書く　급히[서둘러] 쓰다
❖ 完成を急ぐ　완성을 서두르다

397
■ いたす 致す
(する의 공손한 말)하시다

* 私が致します 내가 하겠습니다
* いかが致しましょうか 어떻게 할까요

398
■ いただく 頂く
먹다, 마시다, 들다

* ご飯を頂く 밥을 먹다
* では頂きます 그럼 먹겠습니다

399
■ いのる 祈る
기도하다, 빌다

* 家内の平安を祈る 집안의 평안을 기원하다
* 神に祈る 신에게 기도하다

400
■ いらっしゃる
오시다, 가시다, 계시다

* いらっしゃいませ 어서 오십시오
* いつこちらにいらっしゃる予定ですか
언제 이리로 오실 예정입니까?

401
■ いる 居る
살다, 사람, 동물이 존재하다

* 人が居る 사람이 있다
* ずっとここに居る 줄곧 여기에 있다

402
■ いる 要る
필요하다

* 資金が要る 자금이 필요하다
* 要らぬ告げ口 불필요한 고자질

403
■ うえる 植える
심다, 끼우다

* 庭に木を植える 정원에 나무를 심다
* 道徳観念を植える 도덕 관념을 심다

404
□ **うかがう** 伺う 　듣다, 묻다, 방문하다의 겸양어

❖ 明日8時に伺います
　내일 8시에 찾아뵙겠습니다

405
■ **うける** 受ける 　받다, 이어받다, 인기를 모으다

❖ お金を受ける 돈을 받다
❖ 雨水を桶に受ける 빗물을 통에 받다

406
■ **うつ** 打つ 　치다, 때리다, 두드려박다 (=ぶつ)

❖ 頭を打つ 머리를 때리다[부딪치다]
❖ ヒットを打つ 히트를 치다

407
■ **うつす** 写す 　베끼다, 묘사하다, 사진을 찍다

❖ コピー機で文書を写した
　복사기로 문서를 복사했다
❖ 写真を写す 사진을 찍다

408
■ **うつる** 移る 　옮기다, 이동하다

❖ 総務課に移る 총무과로 옮기다
❖ 風邪が移る 감기가 옮다

409
■ **えらぶ** 選ぶ 　고르다, 뽑다

❖ 品を選ぶ 물건을 고르다
❖ 嫁を選ぶ 며느릿[아내]감을 고르다

410
□ **おいでになる** 　가시다, 오시다 (行く, 来るの 존경어)

❖ 社長はお宅においでですか
　사장님은 댁에 계십니까
❖ 何時においでになりますか
　몇 시에 가시렵니까

411
■ おく　　　置く　　두다, 놓다
- 遠目に置く 약간 멀찍이 놓다
- 距離を置く 거리를 두다

412
■ おくれる　遅れる　늦어지다, 지체되다
- 汽車に遅れる 기차(시간)에 늦다
- 約束より30分遅れて現れる
  약속보다 30분 늦게 나타나다

413
■ おこす　　起こす　일으키다, 깨우다
- 6時に起こしてください
  6시에 깨워 주십시오
- 妻を起こす 아내를 깨우다

414
■ おこなう　行(な)う　행하다, 하다
- 指示どおりに行った 지시대로 했다
- 正しいことを行うまでだ
  올바른 일을 할 따름이다

415
■ おこる　　怒る　화내다
- 烈火のごとく怒る 열화 같이 노하다
- かんかんに怒る 노발대발하다

416
■ おす　　　押す　밀다, 누르다, 찍다
- ドアを押して開ける 문을 밀어서 열다
- はんこを押してください
  도장을 찍어 주세요

417
■ おちる　　落ちる　떨어지다, 해・달이 지다, 낙방하다
- 栗が落ちる 알밤이 떨어지다
- 金が落ちている 돈이 떨어져 있다

JLPT N4 필수단어 | **185**

418
- **おっしゃる** (言うの 존경어)말씀하시다
  - 先生のおっしゃること 선생님이 말씀하시는 것
  - 私にできることがありましたらおっしゃってください
    제가 도와드릴 일이 있으면 말씀해 주십시오

419
- **おとす** 落とす 떨어뜨리다, 잃다, 낙제시키다
  - 爆弾を落とす 폭탄을 투하하다
  - 地面に落とす 땅에 떨어뜨리다

420
- **おどる** 踊る 춤추다
  - ワルツを踊る 왈츠를 추다
  - ピアノの伴奏で踊る 피아노 반주로 춤추다

421
- **おどろく** 驚く 놀라다, 경악하다
  - 驚くべき事件 놀라운 사건
  - 驚くに足りる 놀랄 만하다

422
- **おもいだす** 思い出す 생각해내다, 회상하다
  - 忘れていたことを思い出す
    잊고 있었던 일을 상기하다
  - 用事を思い出したので帰ります
    볼일이 생각나서 돌아가겠습니다

423
- **おもう** 思う 생각하다, 상상하다
  - 正しいと思う 옳다고 생각한다
  - この道が近いと思う
    이 길이 가깝다고 생각한다

424
- **おりる** 下りる 내려오다, 내리다, 명령, 허가 등이 나오다
  - 幕が下りる 막이 내리다
  - 飛行機が地上に下りる
    비행기가 지상에 내리다

425
■ **おる** 折る　꺾다, 접다

- 色紙で鶴を折る　색종이로 두루미를 접다
- ズボンの裾を折る　바지 자락을 접다

426
□ **おる**　있다(いる의 겸양어)

- 社長はおりません　사장님은 안 계십니다
- 明日は家におります
  내일은 집에 있겠습니다

427
■ **おれる**　折れる　구부러지다, 둘로 나누어지다

- 厚すぎて二つに折れない
  너무 두꺼워서 둘로 접히지 않다
- 骨が折れる　무척 힘들다

428
■ **かう**　買う　사다, 구입하다

- 権利を買う　권리를 사다
- 土地を買う　토지를 사다

429
■ **かえる**　変える　변화시키다, 바꾸다, 고치다

- 顔色を変える　안색을 바꾸다
- 形を変える　모양을 바꾸다

430
■ **かく**　書く　쓰다, 그리다, 문장을 짓다

- 文字を書く　문자[글자]를 쓰다
- 漢字で書く　한자로 쓰다

431
■ **かざる**　飾る　장식하다, 꾸미다

- うわべを飾る　겉을 꾸미다, 면치레하다
- 花で飾る　꽃으로 장식하다

432
■ **かたづける** 片付ける **치우다, 정리하다**

❖ 机の上を片付ける 책상 위를 정돈하다
❖ 部屋を片付ける 방을 치우다

433
■ **かつ** 勝つ **이기다**

❖ 戦いに勝つ 싸움에 이기다
❖ 接戦の末、試合に勝った
접전 끝에 시합에 이겼다

434
■ **かまう** 構う **상관하다**

❖ 構う必要がない 상관할 필요가 없다

435
■ **かむ** 噛む **씹다, 물다**

❖ 犬が人を噛む 개가 사람을 물다
❖ 悔しそうに唇を噛む
분한 듯이 입술을 깨물다

436
■ **かよう** 通う **다니다, 왕래하다, 통하다**

❖ 会社に通う 회사에 다니다
❖ 病院に通う 병원에 다니다

437
■ **かわく** 乾く **마르다**

❖ ハンカチが乾く 손수건이 마르다
❖ 乾いた砂 건조한 모래

438
■ **かわる** 変わる **바뀌다**

❖ 月が変わる 달이 바뀌다
❖ 住まいが変わる 주거가 바뀌다

439
かんがえる 考える 생각하다, 고안하다

❖ 結婚問題を考える 결혼 문제를 생각하다
❖ 両親の気持ちを考える
부모의 심정을 헤아리다

440
がんばる 頑張る 노력하다, 분발하다

❖ 試験に受かるよう頑張る
시험에 합격할 수 있도록 끝까지 노력하다
❖ 頑張ってついに成功した
열심히 해서 드디어 성공했다

441
きく 聞く 듣다, 말을 듣다

❖ 話声を聞く 말소리를 듣다
❖ ラジオを聞く 라디오를 듣다

442
きこえる 聞える 들리다

❖ 爆音が聞える 폭음이 들리다
❖ 耳が悪くて話がよく聞えない
귀가 나빠서 이야기가 잘 들리지 않다

443
きまる 決まる 결정되다, 정해지다

❖ 予定が決まる 예정이 정해지다
❖ 会長に決まる 회장으로 결정되다

444
きめる 決める 결정하다, 정하다

❖ 予算を決める 예산을 결정하다
❖ 態度を決める 태도를 정하다

445
きる 着る 입다, 뒤집어쓰다

❖ コートを着る 코트를 입다
❖ 罪を着る (남의 죄를) 뒤집어쓰다

446
□ **くださる**　下さる　　주시다
- 先生の下さった本　선생님이 주신 책
- この金を私に下さるのですか
  이 돈을 저에게 주시는 겁니까?

447
■ **くらべる**　比べる　　비교하다, 겨루다
- 例年に比べて寒い　예년에 비해서 춥다
- 長さを比べる　길이를 견주다

448
■ **くれる**　暮れる　　해가 지다, 계절, 한해가 끝나다
- 日がとっぷり暮れる　해가 완전히 지다
- 日が暮れないうちに家に帰ろう
  날이 저물기 전에 집에 가자

449
■ **くれる**　　　　　　(다른 사람이 나에게) 주다
- 母が時計をくれた
  어머니가 시계를 주었다
- 君がくれた絵　자네가 준 그림

450
■ **けいさつ**　警察　　경찰
- 警察官　경찰관
- 警察へ自首する　경찰에 자수하다

451
□ **こう**　請う　　부탁하다, 청하다
- 許しを請う　용서를 청하다
- 近日上映、請うご期待　근일상영, 걸 기대

452
■ **こたえる**　答える　　대답하다
- 質問に答える　질문에 대답하다
- 先生の問いかけに答える
  선생님의 물음에 대답하다

453
■ **こわす** 壊す 부수다, 파괴하다, 고장내다, 망치다
- 建物を壊す 건물을 부수다[허물다]
- 茶碗を壊す 공기를 깨뜨리다

454
■ **こわれる** 壊れる 무너지다, 부서지다, 망가지다
- コップが壊れる 컵이 깨지다
- 壊れた花瓶 깨진 꽃병

455
■ **さがす** 探す 찾다
- その仕事に適する人材を探す
  그 일에 합당한 인재를 찾다

456
■ **さがる** 下がる 내려가다, 값이 내리다, 뒤로 물러나다
- 気温が下がる 기온이 내려가다
- 熱が下がる 열이 내리다

457
□ **さく** 咲く 꽃이 피다
- 桜の花が咲く 벚꽃이 피다
- 桜は四月の初めに咲く
  벚꽃은 4월 초에 핀다

458
■ **さげる** 下げる 내리다, 값을 내리다, 되돌려보내다
- 品質を下げる 품질을 떨어뜨리다
- 高跳びのバーを下げる
  높이뛰기의 바를 낮추다

459
■ **さしあげる** 差し上げる 들어올리다, 드리다
- プレゼントを差し上げる
  선물을 드리겠습니다
- 両手で高く差し上げる
  두 손으로 높이 쳐들다

동사

JLPT N4 필수단어 | **191**

460
□ **さわぐ** 騒ぐ 떠들다, 시끄러운 소리를 내다

❖ 子供たちが騒ぐ 아이들이 떠들다
❖ 若い血が騒ぐ 젊은 피가 끓다

461
■ **さわる** 触る 만지다

❖ 肩に触る 어깨에 손을 대다
❖ 展示品には触らないでください
  전시품에는 손을 대지[만지지] 마시오

462
■ **しかる** 叱る 꾸짖다, 야단치다

❖ 息子を叱る 아들을 꾸짖다
❖ 遅刻して叱られた 지각하여 꾸중들었다

463
□ **しまう** ~하고 말다, ~해버리다

❖ 遅刻してしまった 지각해 버렸다
❖ すぐ忘れてしまう 곧 잊어버리다

464
■ **しめる** 締める 죄다, 긴장시키다, 마감하다

❖ 浴衣に帯を締める
  유카타에 허리띠를 매다
❖ 鉢巻を締める 머리띠를 졸라매다

465
□ **しめる** 閉める 닫다

❖ 店を閉める (가게)문을 닫다
❖ 後ろ手で戸を閉める 등 뒤로 문을 닫다

466
□ **しょうちする** 承知する 알다

❖ 事前に承知していた 사전에 알고 있었다
❖ そのことなら十分承知しています
  그 일이라면 충분히 알고 있습니다.

467
■ **しらせる** 知らせる 알리다, 통지하다

❖ 虫が知らせる 예감이 들다
❖ 電話で知らせる 전화로 알리다

468
■ **しらべる** 調べる 조사하다

❖ 事故の原因を調べる
사고의 원인을 조사하다
❖ 古い文献を調べる
옛 문헌을 조사[연구]하다

469
■ **すぎる** 過ぎる 지나가다, 시간이 경과하다

❖ 時間が過ぎる 시간이 지나다
❖ 駅を過ぎる 역을 통과하다

470
□ **すく** 空く 속이 비다, 구멍 (=あく)

❖ 道路が空く 길이 텅텅 비다
❖ 腹が空く 배가 고프다

471
□ **すすむ** 進む 나아가다, 진행되다

❖ 工事が進む 공사가 진척되다
❖ 大学に進む 대학에 진학하다

472
■ **すてる** 捨てる 버리다, 내버려두다, 포기하다

❖ ごみを捨てる 쓰레기를 버리다
❖ 雑念を捨てる 잡념을 버리다

473
□ **すべる** 滑る 미끄러지다, (스키, 스케이트 등을)타다

❖ 足が滑る 발이 미끄러지다
❖ 大学を滑る 대학에 떨어지다

474
■ **すむ**　済む　끝나다, 기분이 풀리다

❖ 試験が済む 시험이 끝나다
❖ 済んだ事は仕方がない
끝난 일은 별 수 없다

475
■ **すむ**　住む　살다

❖ 住む家をさがす 살 집을 구하다
❖ この家は久しく人が住んでいない
이 집은 오랫동안 사람이 살고 있지 않다

476
■ **する**　하다, 역할을 맡다

❖ すっぱい味がする 시큼한 맛이 나다
❖ 音がする 소리가 나다

477
■ **そだてる**　育てる　키우다, 양육하다

❖ 子供を育てる 아이를 기르다
❖ 後継者を育てる 후계자를 기르다

478
■ **たおれる**　倒れる　넘어지다, 쓰러지다

❖ 台風で塀が倒れる
태풍으로 담이 쓰러지다
❖ 前に倒れる 앞으로 넘어지다

479
■ **たす**　足す　더하다, 보충하다, 끝내다

❖ 5に3を足すと8になる
5에 3을 더하면 8이 된다
❖ もう千円足せば、もっとよい物が買える
천 엔만 더 보태면 더 나은 물건을 살 수 있다

480
■ **だす**　出す　꺼내다, 내보내다

❖ 引き出しから書類を出す
서랍에서 서류를 꺼내다
❖ 植木鉢を庭に出す 화분을 뜰에 내놓다

481
□ たすける 助ける 구조하다, 돕다
- ❖ 溺れかけている子供を助ける
  물에 빠진 아이를 구하다
- ❖ 遭難者を助ける 조난자를 구조하다

482
■ たずねる 尋ねる 묻다, 질문하다
- ❖ 名前を尋ねる 이름을 묻다
- ❖ 道を尋ねる 길을 묻다

483
■ たてる 建てる 건축하다
- ❖ 碑を建てる 비를 세우다
- ❖ ビルを建てる 빌딩을 건조하다

484
■ たてる 立てる 세우다, 일으키다
- ❖ 柱が高々と立てられた
  기둥이 드높게 세워졌다
- ❖ 候補者として立てる 후보자로 내세우다

485
□ たのしむ 楽しむ 즐기다
- ❖ 余生を楽しむ 여생을 즐기다
- ❖ ゴルフを楽しむ 골프를 즐기다

486
■ たりる 足りる 족하다, 충분하다, 충족되다, 가치가 있다
- ❖ 1万円ほどあれば足りる
  1만 엔 정도 있으면 족하다
- ❖ 商店では人手が足ない
  상점에서는 일손이 모자란다

487
□ つかまえる 捕まえる 잡다, 붙잡다
- ❖ 犯人を捕まえる 범인을 붙잡다
- ❖ タクシーを捕まえる 택시를 잡다

488
■ つく 着く 도착하다, 닿다

❖ 定刻に着く 정각에 도착하다
❖ 宿に着く 숙소에 닿다

489
□ つける 付ける 켜다, 붙이다

❖ 明を付ける 등불을 켜다
❖ テレビを付ける 텔레비전을 켜다

490
■ つける 漬ける (채소등을)담그다, 절이다

❖ キムチを漬ける 김치를 담그다
❖ たくあんを漬ける 단무지를 담그다

491
■ つたえる 伝える 전하다, 알리다, 전달하다

❖ 命令を伝える 명령을 전하다
❖ 真実を伝える 진실을 알리다

492
■ つづく 続く 이어지다, 계속되다, 연결되다, (뒤)따르다

❖ 行列が3キロも続いた
 행렬이 3km나 이어졌다
❖ 果てしなく続く道 끝없이 이어지는 길

493
■ つづける 続ける 계속하다

❖ 英語に続けて数学を勉強する
 영어에 이어 수학을 공부하다
❖ 話を続ける 이야기를 계속하다

494
□ つつむ 包む 싸다, 포장하다

❖ 風呂敷で着物を包む 보자기로 옷을 싸다
❖ コートに身を包む 코트를 몸에 두르다

495 つる / 釣る
낚다, 유혹하다
- 釣り上げる 낚아 내다
- 魚を釣る 물고기를 낚다

496 つれる / 連れる
데리고 가다
- 息子を野球場に連れて行った 아들을 야구장에 데리고 갔다
- 犬を連れて散歩する 개를 데리고 산책하다

497 てつだう / 手伝う
도와주다, 거들다
- 家事を手伝う 가사를 거들다
- 先生の研究を手伝う 선생님의 연구를 돕다

498 とおる / 通る
통하다, 통과하다
- 車が引っ切り無しに通る 자동차가 끊임없이 다니다
- 高圧の電流が通っている 고압 전류가 통하고 있다

499 とどける / 届ける
배달하다, 신고하다
- この本を届けてください 이 책을 전해 주십시오
- 盗難を警察に届ける 도난을 경찰에 신고하다

500 とぶ / 飛ぶ
날다, 날아가다, 퍼지다
- 鳥が飛ぶ 새가 날다
- 飛行機が飛ぶ 비행기가 날다

501 とめる / 泊める
묵게 하다, 정박시키다
- 客を泊める 손을 숙박시키다
- 留学生を家に泊める 유학생을 집에 숙박시키다

502
■ とりかえる　取り替える　교환하다, 남의 것과 바꾸다

❖ 電球を取り替える 전구를 바꾸다
❖ 部品を新しいのに取り替える
부품을 새것으로 바꾸다

503
■ とる　　取る　　들다, 쥐다, 얻다

❖ 机の上の本を取る 책상 위의 책을 집다
❖ 手に取って見る 손에 들고 보다

504
■ なおす　　直す　　고치다, 수선하다

❖ 欠点を直す 결점을 고치다
❖ 姿勢を直す 자세를 고치다

505
■ なおる　　直る　　고쳐지다, 낫다

❖ 間違いが直る 잘못된 것이 고쳐지다
❖ 悪い癖が直る 나쁜 버릇이 고쳐지다

506
■ なおる　　治る　　낫다, 치료되다

❖ 母の病気が治るように祈る
어머니의 병환이 낫도록 기원하다
❖ この分なら案外早く治るかもしれない
이런 상태라면 예상외로 빨리 나을지도 모른다

507
■ なく　　泣く　　울다

❖ 悲しくて泣く 슬퍼서 울다
❖ 泣きたいのを我慢する
울고 싶은 것을 참다

508
□ なくす　　無くす　　잃어버리다

❖ 自信を無くす 자신을 잃다
❖ 本を無くす 책을 잃어버리다

509
■ なくなる　無くなる　없어지다, 보이지 않게 되다, 다하다

❖ 見込みが 無くなる 가망이 없어지다
❖ 机の上の本が 無くなる
책상 위의 책이 없어지다

510
■ なくなる　亡くなる　돌아가시다, 죽다

❖ 父は昨年 亡くなりました
아버지는 작년에 돌아가셨습니다

511
■ なげる　投げる　던지다, 단념하다, 제기하다

❖ ボールを 投げる 공을 던지다
❖ 窓からみかんを 投げてやる
창문에서 귤을 던져 주다

512
■ なさる　　　　하시다, 하다의 겸양어

❖ どれに なさいますか
어느것으로 하시겠습니까?
❖ 学問を なさる 학문을 하시다

513
□ ならう　習う　배우다, 익히다

❖ 技術を 習う 기술을 배우다
❖ 先生に 習う 선생님에게 배우다

514
■ なる　鳴る　울리다, 소리가 나다, 널리 알려지다

❖ 鐘が 鳴る 종이 울리다
❖ 遠くでサイレンが 鳴っている
멀리서 사이렌이 울리고 있다

515
■ なる　生る　열리다, 맺히다

❖ みかんが 生る 귤이 열리다
❖ 花は咲くが実は 生らない
꽃은 피지만 열매는 맺히지 않다

516
■ **なれる** 慣れる **익숙해지다, 길들다**

❖ 貧乏には慣れている
  가난에는 익숙해졌다
❖ この靴はまだ足に慣れていない
  이 구두는 아직 발에 길들지 않았다

518
■ **にげる** 逃げる **도망치다, 회피하다**

❖ 刑務所から逃げる 교도소에서 도망치다
❖ 責任から逃げる 책임을 회피하다

518
■ **にる** 似る **닮다, 비슷하다**

❖ 似たり寄ったりだ
  (엇)비슷하다 우열이 없다
❖ 似た話を聞いた事がある
  비슷한 이야기를 들은 적이 있다

519
■ **ぬすむ** 盗む **훔치다, 남몰래~하다**

❖ 財布を盗む 지갑을 훔치다
❖ アイディアを盗む 아이디어를 도용하다

520
■ **ぬる** 塗る **칠하다, 바르다**

❖ 絵の具を塗る 그림 물감을 칠하다
❖ 壁を塗る 벽을 바르다

521
■ **ぬれる** 濡れる **젖다, 적셔지다**

❖ 雨に濡れる 비에 젖다
❖ びっしょり濡れる 함빡 젖다

522
■ **ねむる** 眠る **잠들다, 자다, 죽다**

❖ ぐっすり眠る 푹 자다
❖ 金が金庫で眠る 돈이 금고에서 잠자다

523
■ **ねる** 寝る   잠자다, 눕다

- 寝る子は育つ 잘자는 아이는 잘 큰다
- いつの間にか寝てしまった
  어느 틈에 잠들고 말았다

524
■ **のこる** 残る   남다, 여분이 생기다

- 雪が残っている 눈이 남아 있다
- 勝ち残る
  이겨서 남다, (경기 등에서) 탈락되지 않다

525
■ **のぼる** 登る   산 등의 높은 곳을 오르다

- 山に登る 산에 오르다
- 丘に登って辺りを眺める
  언덕에 올라 주위를 둘러보다

526
□ **のぼる** 上る   오르다

- 頭に血が上る 머리에 피가 오르다
- 話題に上る 화제에 오르다

527
■ **のりかえる** 乗り換える   갈아타다, 생각 등을 바꾸다

- バスで行って電車に乗り換える
  버스로 가서 전차로 갈아타다
- 新宿駅で中央線に乗り換える
  신주쿠역에서 중앙선으로 갈아타다

528
■ **はこぶ** 運ぶ   나르다, 운반하다, 나아가다

- 荷物を運ぶ 짐을 나르다
- 次の駅へ乗客を運ぶ
  다음 역으로 승객을 실어 나르다

529
■ **はじめる** 始める   시작하다

- 仕事を始める 일을 시작하다
- 練習を始める 연습을 시작하다

530
■ **はらう**　払う　　지불하다, 팔아치우다, 털다

❖ 小枝を払う　잔가지를 치다
❖ 着物の雪を払う　옷의 눈을 털다

531
□ **はる**　貼る　　붙이다

❖ 切手を貼る　우표를 붙이다
❖ 壁紙を貼る　벽지를 붙이다

532
■ **ひえる**　冷える　　식다, 추워지다, 차지다

❖ 朝晩はとても冷える
　아침 저녁에는 몹시 쌀쌀해진다
❖ ご飯が冷える　밥이 식다

533
□ **ひかる**　光る　　빛나다

❖ 星が光る　별이 빛나다
❖ ぴかぴかに光る　반짝반짝하게 빛나다

534
■ **びっくりする**　　깜짝 놀라다

❖ 彼の変身ぶりにびっくりした
　그의 변신에 깜짝 놀랐다
❖ びっくりして口も利けない
　놀라서 말도 못 하다

535
■ **ひっこす**　引っ越す　　이사하다

❖ 田舎へ引っ越す　시골로 이사하다
❖ 新居へ引っ越す　새집으로 이사하다

536
■ **ひらく**　開く　　열리다, 열다

❖ 議会が開く　의회가 열리다
❖ 店が開く　가게가 열리다

537
■ **ひろう** 拾う 줍다, 집다, 얻다, 택시 등을 잡다

❖ 金を拾う 돈을 습득하다
❖ 落ち穂を拾う 이삭을 줍다

538
■ **ふえる** 増える 늘다, 불다

❖ 体重が増える 체중이 늘다
❖ 行動量が増える 행동량이 늘다

539
■ **ふく** 吹く 불다, 겉으로 나오다

❖ 高原を吹く風 고원에 부는 바람
❖ 口笛を吹く 휘파람을 불다

540
□ **ふとる** 太る 살찌다, 뚱뚱해지다 (↔やせる)

❖ でぶでぶに太る 뒤룩뒤룩하게 살이 찌다
❖ 財産が太る 재산이 불어나다

541
■ **ふむ** 踏む 발로 밟다, 디디다

❖ ペダルを踏む 페달을 밟다
❖ 雪を踏みながら行く 눈을 밟으면서 가다

542
■ **ふる** 降る 눈비가 내리다

❖ 春雨が降る 봄비가 내리다
❖ 星の降るような夜 별이 총총한 밤

543
■ **ほめる** 褒める 칭찬하다

❖ 先生に褒められる 선생님께 칭찬받다
❖ 誰も褒める人がいない
  아무도 칭찬하는 사람이 없다

544
■ **まいる** 参る 오다, 가다의 겸양어

❖ 後程参ります 조금 후에 찾아가겠습니다
❖ ご一緒に参りましょう 함께 갑시다

545
■ **まける** 負ける 패하다, 지치다

❖ 戦いに負ける 싸움[전쟁]에 지다
❖ 選挙に負ける 선거에 지다

546
■ **まちがう** 間違う 틀리다, 잘못되다

❖ 間違った計算 틀린 계산
❖ 間違った行い 그릇된 행위

547
□ **まつ** 待つ 기다리다

❖ 機会を待つ 기회를 기다리다
❖ 電車を待つ 전차를 기다리다

548
■ **まにあう** 間に合う 시간에 대다, 충분하다

❖ 電話で間に合う用事
전화로 해결되는 용무
❖ 5万円あれば間に合う
5만 엔만 있으면 급한 대로 쓸 수 있다

549
■ **まわる** 回る 돌다, 회전하다, 퍼지다

❖ 水車が回る 물레방아가 돌다
❖ 扇風機が回る 선풍기가 돌다

550
■ **みえる** 見える 보이다

❖ 山が見える 산이 보이다
❖ 外野席でも試合はよく見える
외야석에서도 시합은 잘 보인다

551 みつかる 見付かる 発견되다, 들키다
- 迷子が見付かる 미아를 찾게 되다
- 敵に見付かる 적에게 발각되다

552 みる 見る 보다
- 相手の顔を見る 상대의 얼굴을 보다
- 味を見る 맛을 보다

553 むかう 向かう 향하다, 마주보다
- 面と向かう 얼굴을 마주 대하다
- 年末に向かう 연말이 다가오다

554 むかえる 迎える 맞다, 맞이하다
- 正月を迎える準備 설맞이 준비
- 客を笑顔で迎える 손을 웃는 낯으로 맞다

555 もうす 申す 말씀드리다, 말하다(言う의 겸양어)
- 申すまでもなく 말씀드릴 나위도 없이
- 申す言葉もありません 여쭐 말씀도 없습니다

556 もどる 戻る 돌아오다, 원상태로 되돌아오다
- 席に戻る 자리에 되돌아가다
- 学校から戻る 학교에서 돌아오다

557 もらう 貰う 받다
- 小遣いを貰う 용돈을 얻다
- 金賞を貰う 금상을 받다

558
■ **やくだつ**　役立つ　　도움이 되다, 쓸모있다

- 日常生活に役立つ辞典
  일상 생활에 유용한 사전
- 実戦に役立つ　실전에 도움이 되다

559
■ **やける**　焼ける　　타다, 뜨거워지다, 구워지다

- 日に焼けた肌　햇빛에 탄 피부
- よく焼けた魚　잘 구워진 생선

560
■ **やせる**　　　　　야위다, 땅이 메마르게 되다

- 見る影も無くやせる　볼품없이 여위다
- 心配事でやせる思いがする
  걱정으로 바짝바짝 마르는 것 같다

561
□ **やむ**　止む　　(비, 눈 등이)그치다, 멎다

- 雨が止む　비가 멎다
- 笑いが止む　웃음이 멎다

562
□ **やめる**　止める　　그만두다, 끊다

- 話を止める　이야기를 중지하다
- 酒を止める　술을 끊다

563
□ **やめる**　辞める　　(관직 따위를) 그만두다

- 会社を辞める　회사를 그만두다
- 学校を辞める　학교를 그만두다

564
■ **ゆれる**　揺れる　　흔들리다, 동요하다

- 電車が揺れる　전차가 흔들리다
- 木の葉が揺れている
  나뭇잎이 흔들리고 있다

565
■ **よる** 寄る **다가가다**

* そばに寄る 곁에 다가서다
* もっとこちらに寄りなさい
  좀더 이쪽으로 다가서십시오

566
■ **よろこぶ** 喜ぶ **기뻐하다**

* 人に喜ばれる親切 남을 기쁘게 하는 친절
* 父の喜ぶ顔が見たい
  아버지의 기뻐하시는 얼굴이 보고 싶다

567
■ **わかす** 沸かす **끓이다, 데우다, 열광시키다**

* お茶を沸かす 차를 끓이다
* 風呂を沸かす 목욕물을 데우다

568
■ **わかれる** 別れる **헤어지다, 이별하다, 분리되다**

* 妻と別れる 아내와 헤어지다
* 君と別れて一年になる
  너와 헤어진 지 1년이 된다

569
■ **わく** 沸く **물이 끓다, 열광하다**

* お湯が沸く 물이 끓다
* ふろが沸く 목욕물이 더워지다

570
■ **わらう** 笑う **웃다, 웃음짓다**

* にこにこ笑う 싱글싱글 웃다
* 笑ってごまかす
  웃어서 호도하다, 웃어서 얼버무리다

571
■ **われる** 割れる **깨지다**

* コップが割れる 컵이 깨지다
* 頭が割れるほど痛い
  머리가 뼈개질 듯이 아프다

JLPT N4 필수단어 | **207**

な형용사

572
□ **あんしんだ** 安心だ   안심하다

- これで安心できる 이제 안심할 수 있다
- 彼に任せておけば安心だ
  그에게 맡겨 두면 안심이다

573
■ **あんな**   저런, 그런

- 私もあんな小説が書きたい
  나도 저런 소설을 쓰고 싶다
- あんなに努力したのに
  그토록 노력했는데

574
■ **かんたんだ** 簡単だ   간단하다

- 簡単な仕事 간단한 일
- 簡単な問題 간단한 문제

575
■ **きれいだ** 奇麗だ   아름다움, 깨끗함

- 奇麗な着物 예쁜 옷
- 奇麗な声 고운 목소리

576
□ **さかんだ** 盛んだ   번창하다, 왕성하다

- 野球が盛んだ 야구가 성하다
- この国は仏教が盛んだ
  이 나라는 불교가 성하다

577
□ **しつれいだ** 失礼だ   실례하다

- 失礼な態度 무례한 태도
- 目上に対してずいぶん失礼な話だ
  어른에 대해서 매우 실례되는 말이다

578
■ **じゃまだ**　邪魔だ　방해하다

- 邪魔が入る 훼방이 들다
- 仕事の邪魔をする 일을 방해하다

579
■ **じゅうぶんだ**　十分だ　충분하다

- 十分な配慮 충분한 배려
- もう十分です やめてください
  이제 충분합니다 그만하세요

580
■ **しんせつだ**　親切だ　친절하다

- 親切心 친절한 마음
- 不親切 불친절

581
□ **しんぱいだ**　心配だ　걱정이다

- 心配ごとが多い 걱정거리가 많다.
- 心配しないでください 걱정하지 마세요

582
■ **だいじだ**　大事だ　소중하다, 중요하다

- それは大事だ 이것은 중요하다
- 大事な時間を割く 소중한 시간을 내다

583
■ **たしかだ**　確かだ　확실하다

- 確かな証拠 확실한 증거
- 確かな事実 틀림없는 사실

584
■ **だめだ**　駄目だ　안 된다, 좋지 않다, 쓸모없다

- 努力をしたが駄目だった
  노력을 하였으나 허사였다
- 運命に逆らっても駄目だ
  운명에 거역하여도 소용없다

JLPT N4 필수단어 | **209**

585
□ **ていねいだ** 丁寧だ 공손하다, 정중하다

❖ 馬鹿丁寧 지나치게 공손함
❖ 丁寧なあ挨拶 공손한 인사

586
■ **てきとうだ** 適当だ 적당하다

❖ 適当な人物 적당한 인물
❖ 適当な結婚相手 적당한 결혼 상대

587
■ **とくべつだ** 特別だ 특별하다(↔へ平凡だ)

❖ 特別な日 특별한 날
❖ 特別な思い出 특별한 추억

588
■ **ねっしんだ** 熱心だ 열심이다

❖ 熱心な仕事振り 열심히 일하는 태도
❖ 生徒の指導に熱心だ
학생 지도에 열심이다

589
■ **ひさしぶりだ** 久し振りだ 오래간만이다

❖ 久し振りの再会 오래간만의 재회
❖ 久し振りに聞く 오랜만에 듣다

590
□ **ひつようだ** 必要だ 필요하다

❖ 必要な品物 필요한 물건
❖ お金が必要だ 돈이 필요하다

591
■ **ふくざつだ** 複雑だ 복잡하다(↔単純だ)

❖ 複雑な仕事 복잡한 일
❖ 電子計算機の構造は複雑だ
전자 계산기의 구조는 복잡하다

592
ふつうだ　普通だ　보통이다

* 体の調子が普通ではない
  건강 상태가 보통이 아니다
* 彼の成績は普通だ　그의 성적은 보통이다

593
ふべんだ　不便だ　불편하다(↔便利だ)

* 交通の不便な田舎　교통이 불편한 시골
* ここは不便な所です
  여기는 불편한 곳이다

594
まっすぐだ　真直だ　똑바르다

* 真っ直な線　쪽 곧은 선
* 真っ直な姿勢　똑바른 자세

595
むりだ　無理だ　무리하다

* 無理なことを言う　무리한 말을 하다
* 無理な要求　무리한 요구

TIP

- 真(ま)っ 은 접두어로서 아주, 완전히의 뜻으로 명사·형용사·형용동사에 붙어 어세를 강조한다.

  真っ直(まっすぐ)だ　똑바르다
  真っ白(まっしろ)だ　새하얗다
  真っ赤(まっか)だ　새빨갛다
  真っ青(まっさお)だ　새파랗다
  真っ黒(まっくろ)だ　(색깔이) 새까맣다, 시커멓다
  真っ暗(まっくら)だ　아주 컴컴하다, 칠흑같이 어둡다

い형용사 — New JLPT Level 4

596
- **あつい**　暑い　　덥다(↔寒い)
  - ❖ 暑い部屋 더운 방
  - ❖ 今日は大変暑い 오늘은 매우 덥다

597
- **あつい**　厚い　　두껍다, 두텁다(↔薄い)
  - ❖ 厚い本 두꺼운 책
  - ❖ 層が厚い 층이 두껍다

598
- **うまい**　　　　맛있다(↔まずい), 잘하다
  - ❖ うまい料理 맛있는 요리
  - ❖ うまそうに食べる 맛있는 듯이 먹다

599
- □ **うるさい**　煩い　시끄럽다, 귀찮다, 번거롭다, 성가시다
  - ❖ ラジオが煩い 라디오가 시끄럽다
  - ❖ 手続きが煩い 절차가 번거롭다

600
- **うれしい**　嬉しい　기쁘다(↔悲しい)
  - ❖ 友の全快が嬉しい
    친구가 완쾌해서 기쁘다
  - ❖ 合格して嬉しい 합격해서 기쁘다

601
- □ **おおい**　多い　　(수량·횟수·물건) 많다
  - ❖ 口数の多い人 말수가 많은 사람
  - ❖ 地震の多い地方 지진이 많은 지방

602
□ おかしい　可笑しい　이상하다, 우습다

* 可笑しくてたまらない 우스워 죽겠다
* 箸がころんでも可笑しい
  젓가락이 구르기만 해도 우습다

603
□ かたい　固い　딱딱하다, 질기다, 단단하다(↔柔らかい)

* 石は堅い 돌은 단단하다
* この肉は堅い 이 고기는 질기다

604
■ かなしい　悲しい　슬프다(↔嬉しい)

* 悲しい物語 슬픈 이야기
* 悲しくて涙があふれる
  슬퍼서 눈물이 넘치다

605
■ きびしい　厳しい　엄하다, 엄격하다, 혹독하다

* 厳しい取り締まり 엄중한 단속
* 厳しい表情 엄한 표정

606
■ くらい　暗い　어둡다(↔明るい)

* この電灯は暗い 이 전등은 어둡다
* 日が落ちて辺りが暗くなる
  해가 떨어져 주위가 침침해지다

607
■ こまかい　細かい　잘다, 세세하다, 자잘하다

* 細かい粒 작은 알갱이
* 細かい模様 작은 무늬

608
■ こわい　怖い　무섭다, 두렵다

* 怖い目付き 무서운 눈매
* 怖い目にあう 무서운 꼴을 당하다, 혼나다

JLPT N4 필수단어 | **213**

609
■ **さびしい** 寂しい 쓸쓸하다, 외롭다

- 寂(さび)しい村(むら) 쓸쓸한 마을
- 寂(さび)しい夜道(よみち)を歩(ある)く 호젓한 밤길을 걷다

610
□ **すくない** 少ない 적다(↔多(おお)い)

- 量(りょう)が少(すく)ない 양이 적다
- 口数(くちかず)の少(すく)ない人(ひと) 말수가 적은 사람

611
□ **すごい** 凄い 굉장하다, 대단하다

- 凄(すご)いうなり声(ごえ) 무시무시한 신음소리
- 凄(すご)い目(め)でにらみつける 무서운 눈으로 노려보다

612
■ **すばらしい** 素晴らしい 멋지다, 훌륭하다, 굉장하다

- 素晴(すば)らしい絵(え)だね 멋진 그림이구나
- 素晴(すば)らしい計劃(けいかく)を考(かんが)え付(つ)く 굉장한 계획을 착상하다

613
■ **ただしい** 正しい 바르다, 옳다

- 形(かたち)や向(む)きが正(ただ)しい 모양이나 방향이 바르다
- 君(きみ)の姿勢(しせい)は正(ただ)しい 너의 자세는 바르다

614
□ **ながい** 長い 길다(↔短(みじか)い)

- 長(なが)い棒(ぼう) 긴 막대기
- 長(なが)い文章(ぶんしょう) 긴 문장

615
■ **にがい** 苦い 쓰다(↔酸(す)っぱい)

- 苦(にが)い薬(くすり) 쓴 약
- 苦(にが)くて食(た)べられない 써서 먹을 수가 없다

616
□ **にくい** 憎い 밉다, 싫다

- 憎(にく)い奴(やつ) 미운 녀석
- 憎(にく)い仕打(しう)ち 얄미운 처사

617
□ **ぬるい** 温い 미지근하다

- ふろが温(ぬる)い 목욕물이 미지근하다
- コーヒーが温(ぬる)くなりました
  커피가 미지근해졌습니다

618
■ **ねむい** 眠い 졸리다

- 眠(ねむ)いのを我慢(がまん)して聞(き)いている
  졸음이 오는 것을 참고 듣고 있다
- いやに眠(ねむ)い 몹시 졸리다

619
■ **はずかしい** 恥ずかしい 창피하다, 부끄럽다

- 恥(は)ずかしい行為(こうい) 부끄러운 행위
- 試験(しけん)に落第(らくだい)して恥(は)ずかしい
  시험에 낙제해서 창피하다

620
□ **はやい** 早い 빠르다, 이르다

- 早(はや)い回復(かいふく) 빠른 회복
- 失望(しつぼう)するのはまだ早(はや)い
  실망하기에는 아직 이르다

621
■ **ひどい** 酷い 심하다, 형편없다, 무정하다

- 酷(ひど)い仕打(しう)ち 잔인한 처사
- 酷(ひど)い目(め)に遭(あ)う 참혹한 꼴을 당하다

622
■ **ふかい** 深い 깊다 (↔浅(あさ)い)

- 傷口(きずぐち)が深(ふか)くない 상처가 깊지 않다
- 心(こころ)の奥(おく)に深(ふか)く秘(ひ)める
  마음속 깊이 접어두다

い형용사

623
- **めずらしい** 珍しい 　진귀하다, 희귀하다, 보기 드물다
  - 珍しい物をいただいた
    희귀한 물건을 받았다
  - 珍しい贈り物をいただいた
    진귀한 선물을 받았다

624
- **やさしい** 易しい 　쉽다(↔難しい)
  - 易しい英語の文章 평이한 영어 문장
  - 問題が易しい 문제가 쉽다

625
- **やさしい** 優しい 　상냥하다
  - 優しい姿 우아한 모습
  - 優しい笑顔 우아하게 웃는 얼굴

626
- **やわらかい** 柔かい 　부드럽다, 온화하다, 유연하다(↔かたい)
  - 柔かい肌 보드라운 살결
  - 柔かい布団 폭신한 이부자리

627
- **よろしい** 宜しい 　좋다(いい・よいの 정중한 표현)
  - 帰っても宜しい 돌아가도 좋다
  - 答えは鉛筆で書いても宜しい
    답은 연필로 써도 좋다

628
- **よわい** 弱い 　약하다
  - 弱い者をいじめる 약한 자를 괴롭히다
  - 視力が弱い 시력이 약하다

부사

New JLPT Level 4 일본어능력시험

629
□ **いかが**　如何　어떻게, 어떻습니까?
* 如何いたしましょう 어떻게 할까요?
* 如何なさいますか 어떻게 하시겠습니까?

630
□ **いっきに**　一気に　단숨에, 단번에
* 一気に書き上げる 단숨에 써내다
* 一気に飲み干す 단번에 마셔 버리다

631
■ **いま**　今　지금, 당장
* 今ちょうど6時だ 지금 정각 6시다
* 今流行の髪型 현재 유행하는 머리형

632
□ **いまや**　今や　이제야말로, 바야흐로.
* 今や宇宙時代だ 바야흐로 우주 시대다
* 今や決戦のときだ 바야흐로 결전의 때다

633
□ **おなじく**　同じく　마찬가지로
* 前と同じく取り扱う
  이전과 마찬가지로 취급한다
* 編集部員A(エー)、同じくB(ビー)
  편집부원 A, 동 B

634
□ **かならず**　必ず　꼭, 반드시, 확실히
* 約束したことは必ず守る
  약속한 일은 틀림없이 지킨다
* 会うと必ず口論する
  만나면 꼭 말다툼하다

JLPT N4 필수단어 | **217**

635
□ **かりに**　仮に　　가령, 만일

❖ いま仮に金があればまず本を買う
가령 지금 돈이 있다면 우선 책을 산다
❖ 仮に船で行けばいくらかかるか
가령 배로 가면 비용이 얼마나 드는가?

636
□ **きっと**　　　　꼭, 반드시

❖ きっと来てね 꼭 와요
❖ きっと行くよ 꼭 갈게

637
■ **けっして**　決して　절대로, 결코

❖ 決して不自然ではない
결코 부자연스럽지는 않다
❖ 御恩は決して忘れません
은혜는 절대로 잊지 않겠습니다

638
■ **さっき**　先　　조금 전, 아까

❖ 先はご免なさい 아까는 미안했어요
❖ 先の人がまた来た 아까 그분이 또 왔다

639
□ **しだいに**　次第に　서서히, 차츰

❖ 次第に明るくなる 차츰 밝아오다
❖ 次第に力が衰える 점차 기운이 시그러지다

640
□ **しっかり**　確り　견고한 모양, 단단히, 꼭

❖ 基礎が確りしている 기초가 튼튼하다
❖ ひもを確り結ぶ 끈을 단단히 매다

641
■ **しばらく**　暫く　잠깐, 오래간만, 당분간

❖ 暫く待つ 잠시 기다리다
❖ 暫くして彼が現れた
잠시 뒤 그가 나타났다

642
□ **すぐ** 直ぐ 곧, 아주 가까이

- 直ぐに帰る 곧 돌아가다
- 直ぐ怒る 금방 화내다

643
■ **すっかり** 몽땅, 완전히

- すっかり忘れていた 까맣게 잊고 있었다
- すっかり体が丈夫になる
  건강을 완전히 회복하다

644
■ **ずっと** 훨씬, 쭉, 매우, 아주,

- この方がずっと重い 이쪽이 훨씬 무겁다
- 彼女よりずっと美しい
  그녀보다 훨씬 아름답다

645
■ **ぜんぜん** 全然 전혀

- 全然知らない 전혀 알지 못하다
- 親子でも全然似ていない
  부모 자식 사이지만 조금도 닮지 않았다

646
■ **それほど** 그렇게, 그 정도, 그토록

- それほど嬉しいか 그렇게 기쁘냐?
- それほど行きたかったら行ってもよい
  그렇게 가고 싶으면 가도 좋다

647
■ **そろそろ** 곧, 이제, 슬슬

- そろそろ出掛けよう 이제 슬슬 나가보자
- そろそろ起き上がる 천천히 일어나다

648
□ **だいぶ** 大分 상당히, 제법, 무척

- 大分儲かる 꽤 벌었다
- 今日は昨日より大分寒い
  오늘은 어제보다 상당히 춥다

부사

649
■ **たとえば** 例えば   예를 들면

- 例えばどんな曲が好きですか
  예를 들면 어떤 곡을 좋아합니까?

650
■ **たまに**   가끔, 때때로

- たまに合う 어쩌다가 만나다
- たまにやって来る 이따금 찾아오다

651
■ **ちっとも**   조금도, 전연

- ちっとも面白くない 조금도 재미없다
- ちっとも怖くない 조금도 두렵지 않다

652
■ **ちょうど** 丁度   꼭, 정확히

- ちょうど10時だ 꼭 10시다
- ちょうど体に合う 꼭 몸에 맞다

653
■ **どう**   어떻게, 어떻습니까?

- どうしたのだ 어떻게 된 거냐
- どうしようか 어떻게 할까?

654
■ **とうとう**   드디어, 결국

- とうとう成功した 마침내 성공했다
- とうとう見つけた
  드디어 찾았다

655
□ **ときに** 時に   때로는, 가끔, 어쩌다가

- 時に役立つ事もある
  어쩌다가 도움이 될 적도 있다
- 時には意志の強さを現す
  때로는 의지의 강함을 나타내 보이다

656 とくに / 特に
특히
- 特に留意すべき点 특히 유의해야 할 점
- 特に出向く必要は無い 특별히 갈 필요는 없다

657 なかなか / 中中
(긍정)꽤, (부정)도저히 (=中々)
- 中中面白い 꽤 재미있다
- 中中暑い 매우 덥다

658 なぜ / 何故
왜, 어째서
- 何故笑うの 왜 웃니?
- 心が浮き浮きするのは何故だろう
  마음이 들뜨는 것은 무엇 때문일까?

659 なるべく / 成るべく
될 수 있는 대로, 가능한한
- 成るべくならその方がいい
  가능하다면 그 편[그것]이 좋다
- 成るべく早くして上げなさい
  될 수 있는 대로 빨리 해 드려요

660 なるほど
과연, 정말, 그렇고말고
- なるほど立派な人だ
  과연 훌륭한 사람이다
- なるほどこの本はおもしろい
  과연 이 책은 재미있다

661 はっきり
확실히
- はっきり見える 뚜렷이 보이다
- はっきりと書きなさい 분명히 쓰시오

662 はやくも / 早くも
빠르게도(이미)
- 早くも効果が現れた
  벌써 효과가 나타났다
- 早くも次期選挙での勝利を宣言した
  일찌감치 차기 선거에서의 승리를 선언했다

부사

663
■ **ひじょうに**　非常に　대단히, 무척

❖ 非常に大事にする 끔찍이 위하다
❖ 非常に疲れた 너무 피곤하다

664
■ **べつに**　別に　별로

❖ 別に用は無い 별로 볼일은 없다
❖ 別に困らない 별로 곤란하지 않다

665
■ **まず**　先ず　우선, 먼저, 대체로

❖ 先ず子供達のことを考える
　먼저 아이들 일을 생각하다
❖ 先ずこれから始めよう
　우선 이것부터 시작하자

666
□ **まま**　間間　간간이, 간혹(=時々)

❖ 間間誤りがある 간혹 잘못이 있다
❖ 忘れることも間間ある
　잊는 수도 간혹 있다

667
□ **まんいち**　万一　만약, 만에 하나, 만일

❖ 万一そんな事が起こったら
　만약 그러한 일이 일어난다면
❖ 万一休んでも心配しないでくれ
　만약 쉬더라도 염려하지 말게

668
■ **もうすぐ**　이제, 곧

❖ もうすぐ回診の時間です
　곧 회진 시간입니다
❖ もうすぐ来るでしょう 이제 곧 오겠지요

669
■ **もし**　若し　만약, 만일, 혹시

❖ 若し雨が降れば中止する
만약 비가 오면 중지한다

❖ 若し発見が遅れたら助からないだろう
만일 발견이 늦어지면 살아나지 못할 것이다

670
□ **もじどおり**　文字通り　문자 그대로, 그야말로, 정말로

❖ 文字通り骨と皮ばかりに痩せ衰えた
문자 그대로 뼈와 가죽만으로 앙상하게 쇠약해졌다

❖ 文字通り東京は日本の表玄関だ
문자 그대로 도쿄는 일본의 현관이다

671
■ **もっと**　더, 더욱, 좀더, 한층(=尚)

❖ もっと食べたい 더 먹고 싶다
❖ もっと勉強しなさい 더 공부해라

672
■ **やはり**　역시(=やっぱり)

❖ 彼もやはり冒険家だ 그도 역시 모험가다
❖ 彼女は今でもやはり美しい
그녀는 지금도 역시 아름답다

TIP

- 非常(ひじょう)に는 객관적 느낌이며 조금 딱딱한 표현으로 주로 공식적인 자리에서 사용된다.
- とても는 화자의 판단으로 주관적이며 과장된 의미는 없고 주로 회화체에 사용된다.

외래어

673
□ **アルバイト** ア르바이트

- アルバイトで学費を稼ぐ
  아르바이트로 학비를 벌다
- 主婦のアルバイト 가정부인의 부업

674
□ **エスカレーター** 에스컬레이터

- エスカレーター式の大学
  에스컬레이터식 대학
- 出世のエスカレーター
  출세의 에스컬레이터

675
□ **エレベーター** 엘리베이터

- エレベーターに乗る 승강기를 타다
- エレベーターが昇降する
  엘리베이터가 승강하다

676
□ **オートバイ** 오토바이

- オートバイが快音を響かせて走り出す
  오토바이가 경쾌한 소리를 내며 출발하다

677
□ **オーバー** 오버코트, 외투

- しみったれたオーバーを着ている
  초라해진 오버를 입고 있다
- このオーバーは丈が長過ぎる
  이 오버는 기장이 너무 길다

678
□ **ガソリン** 가솔린

- ガソリンスタンド 주유소
- ガソリンエンジン 가솔린 엔진

679
□ **ガソリンスタンド** 　　주유소

* ガソリンスタンドに車でいっぱいだ
  주유소에 차가 꽉 들어찼다

680
□ **カーテン** 　　커튼

* カーテンを引く 커튼을 치다
* カーテンを開ける 커튼을 걷다

681
□ **ガラス** 　　유리

* ガラス窓 유리창
* ガラス瓶 유리병

682
□ **ギター** 　　악기

* ギターを弾く 기타를 치다
* ギター奏者 기타 연주자

683
□ **コンサート** 　　콘서트

* コンサートを催す 연주회를 개최하다
* コンサートホール 콘서트 홀

684
□ **サンダル** 　　샌들

* サンダルをひっかける 샌들을 신다
* 子供のサンダルが散らばっている
  아이들의 샌들이 (어지럽게) 흩어져 있다

685
□ **サンドイッチ** 　　샌드위치

* サンドイッチになる
  사이에 끼이다 샌드위치가 되다
* 中間に立って[サンドイッチになって]
  立場が苦しい 새중간에 서서 난처하다

외래어

JLPT N4 필수단어 | **225**

686
ジャム
잼

- ストロベリージャム 딸기잼
- パンにジャムをつける
  빵에 잼을 바르다

687
ステレオ
스테레오, 입체

- ステレオの音を小さくして下さい
  스테레오의 소리를 줄여 주세요
- ステレオ映画 입체 영화

688
タイプ
타입

- 新しいタイプの車 새로운 형의 차
- わたしの好きなタイプの女性
  내가 좋아하는 타입의 여성

689
テキスト
텍스트

- 英会話のテキスト 영어 회화의 교본
- 資料性の高いテキスト
  자료성이 높은 원전

690
テニスコート
테니스코트

テニスコートにローラーをかける
테니스 코트에 롤러로 땅을 고르다

691
ビル
빌딩

- 画一化されたビルの建築様式
  획일화된 빌딩 건축 양식
- 町には高層ビルが立ち並んでいる
  거리에는 고층 빌딩이 숲을 이루다

692
プレゼント
프레젠트, 선물

- クリスマスプレゼント 크리스마스 선물
- 誕生日にプレゼントする
  생일에 선물하다

693
□ **ベル** 벨

- 玄関のベルを押す 현관의 벨을 누르다
- 非常ベル 비상 벨

694
□ **ボタン** 버튼, 단추

- ボタンをかける[はめる] 단추를 채우다[끼우다]
- ボタンが外れる 단추가 끌러지다

695
□ **メートル** 미터

- 400メートルリレー 400미터 계주
- 2メートルの壁 2m의 벽

696
□ **ラジオ** 라디오

- ラジオを聞く 라디오를 듣다
- ラジオを組立てる 라디오를 조립하다

TIP

- 선물이란 뜻으로 プレゼント가 많이 쓰이며, お土産(みやげ)도 선물이란 뜻인데 주로 여행지에서 사온 기념 선물이다.
- 주로 손잡이가 없는 것은 コップ, 손잡이가 있는 것은 カップ라고 합니다.
  コーヒーカップ 커피 잔
  紙(かみ)コップ 종이컵

기타

New JLPT Level 4 일본어능력시험

697
□ いただきます
인사 잘 먹겠습니다

- お菓子をいただきます
  과자를 잘 먹겠습니다

698
□ いっていらっしゃい
(行っていらっしゃい)
인사 다녀와라

- えりさん、いっていらっしゃい
  에리양, 다녀와요

699
□ いってまいります
(行って参ります)
인사 다녀오겠습니다,

- では また、いってまいります
  그럼, 또 다녀오겠습니다

700
□ おかえりなさい
(お帰りなさい)
인사 돌아가세요, 잘 오셨어요

- おかえりなさいませ 어서 오세요

701
□ おかげさまで おかげ様で
인사 덕분에

- おかげさまで落ち着きました
  덕분에 안정을 찾았습니다

- おかげさまでみんな元気です
  덕분에 저의 가족은 모두 건강합니다

702
□ おだいじに お大事に
인사 몸조리 잘하세요

- お体お大事に
  몸 소중히 하십시오(몸조리 잘 하세요)

703
□ おまたせしました
(お待たせしました)
인사 기다리게 했습니다

- 全国のファンの皆さま、お待たせしました！
  전국의 팬 여러분 오래 기다리셨습니다

704
おめでとう
인사 축하합니다

* ご入学おめでとう 입학을 축하합니다
* ご結婚おめでとう 결혼을 축하합니다

705
かしこまりました
인사 잘 알겠습니다, 분부대로 하겠습니다

* はい、かしこまりました
  예, 알겠습니다

706
こんにちは
인사 안녕하세요

* こんにちは、私は日本人です
  안녕하세요, 저는 일본인입니다

707
それはいけません
인사 그것 안됐군요

* それならそれはいけません
  그렇다면 그것 안됐군요

708
ただいま
인사 다녀왔습니다, 지금, 현재

* おかあさん、ただいま
  어머니, 다녀왔습니다
* ただいま席を外しております
  지금 자리를 비우고 있습니다

709
どういたしまして
인사 천만에요

* いいえ、どういたしまして
  아니요, 천만에요

710
よくいらっしゃいました
인사 잘 오셨습니다

* 田中さん、よくいらっしゃいました
  다나카 씨, 잘 오셨습니다

기타

JLPT N4 필수단어 | **229**

711
□ **おいでになる**　　　존경 가시다, 오시다, 계시다

❖ 何時におでになりますか
몇 시에 가시렵니까

712
□ **おっしゃる**　　　존경 말씀하시다

❖ 先生のおっしゃること
선생님이 말씀하시는 것

❖ お名前はなんとおっしゃいますか
존함이 어떻게 되십니까?

713
□ **ごらんになる**　ご覧になる　존경 보신다

❖ この番組をご覧になるそうです
이 프로를 보신다고 합니다

714
□ **めしあがる**　召し上がる　존경 먹다의 존경어

❖ 何を召し上がりますか
무엇을 드시겠습니까?

❖ 沢山召し上がってください
많이 드십시오

715
□ **ございます**　　　겸양 (공손하게) 있습니다

❖ 鈴木でございます 스즈키입니다

❖ さようでございます 그렇습니다

716
□ **はいけんする**　拝見する　겸양 삼가보다

❖ お手紙拝見しました
주신 편지 삼가보겠습니다

❖ 切符を拝見します 표를 보겠습니다

717
□ **もうしあげる**　申し上げる　겸양 말씀드리다, 아뢰다, 여쭙다

❖ お悔やみを申し上げる
문상의 말을 여쭙다

❖ 一言お祝いを申し上げます
한마디 축하 말씀을 드리겠습니다

718
□ **おや**
감 어머, 이런, 저런

❖ おや、誰かやって来た
  어머, 누가 찾아왔네

❖ おや、君だったのか 어, 자네였군

719
□ **いくらでも**
접 얼마라도

❖ 美味しいのでいくらでも食べられる
  맛이 있어서 얼마든지 먹겠다

❖ 金はいくらでもあるからどんどん投資しなさい
  돈은 얼마든지 있으니까 계속 투자하시오

720
■ **けれど**
접 하지만

❖ 良く言い聞かせたけれどもまだ直らない 잘 타일렀지만 아직 고쳐지지 않는다

❖ 値段も高いけれども品も悪いね
  값도 비싸지만 물건도 나쁘구나

721
■ **すると**
접 그러면, 그렇다면, 그랬더니

❖ 門を叩いた,すると娘が出てきた
  문을 두드렸다 그랬더니 처녀가 나왔다

❖ そうか、するとだまされた訳だね
  그래? 그러면 속은 셈이군

722
■ **それで**
접 그래서, 그런 까닭으로

❖ それで彼は来られなかった
  그래서 그는 오지 못했다

❖ それでどうしました
  그래서 어떻게 하셨어요?

723
■ **それに**
접 그런데도, 그러함에도

❖ 雨が降り出した,それに風も吹き始めた
  비가 오기 시작한다 게다가 바람도 불기 시작했다

❖ 頭が痛い,それに風邪気味だ
  머리가 아프다 게다가 감기 기운도 있다

기타

724
■ **だから** 〈접〉 그래서, 그러니까

- だからどうだと言うのだ
  그러니까 어쨌다는 거야?
- ごらん、だから言ったのさ
  그거 보게나 그래서 말했던 걸세

725
■ **できるだけ** 〈접〉 가능한 한

- この機会をできるだけ利用しなさい
  이 기회를 가능한 한 이용하시오
- できるだけのことをした
  할 만큼은 다했다

726
□ **ながら** 〈접조〉 ~하면서, ~면서, ~그대로

- 歩きながら本を読む 걸으면서 책을 읽다
- 知っていながら知らない振りをする
  알면서도 모르는 체하다

727
□ **または** 又は 〈접〉 또는, 혹은

- 曇り又は雨 흐리거나 비
- 父又は母が来る
  아버지 또는[아니면] 어머니가 오신다

728
□ **ばかり** 〈부조〉 ~만, ~뿐, ~가량

- 50人ばかりを引きつれて行く
  50명 정도를 데리고 가다
- 長さ2尺ばかりの板
  길이 두 자쯤 되는 판자

729
□ **ほど** 程 〈부조〉 정도, 한도

- 冗談にも程がある 농담에도 한도가 있다
- 才能の程を試す 재능의 정도를 시험하다

문법 — New JLPT Level 4 일본어능력시험

1
お/ご~ください
- お + 동사 ます형 + ~ください
- ご + 한자체 +

~해 주십시오 (부탁, 정중어)

- ここにお名前をお書きください
 여기에 성함을 써 주십시오
- どうぞお入りください
 자, 들어오십시오

2
お~する
- お + 동사 ます형 +

~하다 (겸양어)

- 荷物をお送りします
 짐을 보내드리겠습니다
- 私がお呼びいたします
 제가 부르겠습니다

3
お~になる
- お + 동사 ます형 +

~하시다 (존경어)

- 先生がお話しになります
 선생님이 이야기하십니다
- ここでお待ちになってください
 여기에서 기다려 주십시오

4
~が
- 명사 +

~이(가) (동작 · 성질 · 상태를 나타냄)

- 鳥が鳴く 새가 울다
- 雪が降る 눈이 내리다

5
~か
- 명사 · な형용사 어간 · い형용사 · 동사의 기본형 +

~인지, ~일지, ~지 (불확실한 뜻)

- 風邪をひいたのか寒気がする
 감기가 들었는지 한기가 든다
- 病気のせいか顔色が悪い
 병 때문인지 안색이 나쁘다

JLPT N4 필수문법 | **233**

6
□ **~がする**
- 명사 +

~가 나다, ~이 들다 (맛, 소리, 냄새, 향기)

❖ 酸っぱい味がする 시큼한 맛이 나다
❖ 外で変な音がします
　밖에서 이상한 소리가 납니다

7
□ **~かどうか**
- 명사·な형용사 어간·い형용사·동사 기본형 +

~일지 어떨지 (불확실한 뜻)

❖ 今日は忙しいかどうか分かりません
　오늘은 바쁠지 어떨지 모르겠습니다

❖ おもしろいかどうかは見たらわかります 재미있을지 어떨지는 보면 압니다

8
□ **~方** (かた)
- 동사 ます형 +

~하는 방법

❖ 洋食の食べ方を教えてください
　양식을 먹는법을 가르쳐 주세요
❖ この字の読み方を教えてください
　이 글자의 읽는 법을 가르쳐 주세요

9
□ **~がる**
- い형용사 어간·な형용사 어간·동사 ます형 +

~하고 싶어 하다(생각이나 희망, 느낌)

❖ 兄は手紙を書きたがる
　형은 편지를 쓰고 싶어한다.
❖ 前々から行きたかった
　오래전부터 가고 싶었다

10
□ **~かもしれない**
- 명사·な형용사어간+
- い형용사·동사의기본형+

~지도 모른다 (주관적인 추측)

❖ 今日は学校へ行かないかも知れません
　오늘은 학교에 가지 않을지도 모릅니다
❖ 彼女は大学生かも知れない
　그여자는 대학생일지도 모른다

11
□ **~ことにする**
- 동사 명사수식형 +

~하기로 하다 (자신의 의지)

❖ 友達と会うことにしました
　친구와 만나기로 했습니다
❖ 来月、日本へ行くことにしました
　다음달에 일본에 가기로 했습니다

12
□ ~ことにしている
- 동사 · 명사수식형 +

~하기로 하고 있다 (습관)

❖ 毎日運動することにしています
매일 운동하기로 하고 있습니다

❖ たばこを吸わないことにしています
담배를 피우지 않기로 하고 있습니다

13
□ ~ことになる
- 동사 · 명사수식형 +

~하게 되다 (결심이나 결정의 결과)

❖ 結婚することになりました
결혼하게 되었습니다

❖ 今日は授業をしないことになりました
오늘은 수업을 하지 않게 되었습니다

14
□ ~ことになっている
- 동사 · 명사수식형 +

~하기로 되어 있다 (계속되고 있는 상태)

❖ 課長が出席することになっています
과장님이 출석하기로 되어 있습니다

❖ そのことは言わないことになっています
그 일은 말하지 않기로 되어 있습니다

15
□ ~(さ)せてください
- 동사의 미연형 +

~하게 해 주세요 (사역)

❖ 気持ち右へ寄せてください
조금만 오른쪽으로 다가서 주세요.

❖ 人を車に乗せてください
사람을 차에 태워 주세요

16
□ ~(さ)せられる
- 동사의 미연형 +

억지로 ~하다 (사역)

❖ 本人が望まないのに行かせられる
본인이 원하지 않는데 억지로 가게 하다

17
□ ~(さ)せる
- 동사의 미연형 +

~하게 하다 (사역)

❖ 使いに行かせる 심부름을 가게 하다

❖ 子供を外で遊ばせる
아이를 밖에서 놀게 하다

18
□ ~すぎる
- い형용사 어간・な형용사 어간・동사 ます형 +

너무 ~하다 (행동이나 상태가 지나침)

❖ 袖が長すぎる 소매가 너무 길다
❖ 居間が狭すぎる 살림방이 너무 좁다

19
□ ~そうだ
- い형용사 어간・ほんな형용사 어간・ほん동사 ます형 +

~할 것 같다 (추측)

❖ 夕立が来そうだ 소나기가 올 것 같다
❖ あの本はおもしろそうです
저 책은 재미있을 것 같습니다

20
□ ~ところだ
- 동사 명사수식형 +

~하려는 참이다 (행동이 진행되기 직전)

❖ ちょうど一度会って見ようと思っていたところだ
마침 한번 만나 보려던 참이었다
❖ 買い物に行くところです
물건 사러 가려는 참입니다

21
□ ~たところだ
- 동사 た형 +

막 ~하다 (개관적인 행동이 끝난 직후)

❖ 今、疲れが取れたところです
지금 막 피곤이 풀렸습니다
❖ 仕事は今、終ったところです
일은 지금 막 끝났습니다

22
□ ~たまま
- 연체사・명사 + の + ~まま
- 동사 た형 +

~한 채로 (지속된 상황)

❖ 服を着たまま寝てしまいました
옷을 입은 채로 자버렸습니다
❖ 電灯をつけたまま出かけました
불을 켠 채로 외출했습니다

23
□ ~ために
- 명사 + の +
- い형용사・な형용사・동사의 명사수식형 +

~를 위해서, ~때문에 (목적이나 이유)

❖ 病気のために学校を休みました
병때문에 학교를 쉬었습니다
❖ ダイエットのために野菜を食べます
다이어트를 위해서 야채를 먹습니다

24
□ **~つもりだ** ~할 생각이다 (계획이나 의도)
- 동사 명사수식형 +

❖ 私はあした試験勉強をするつもりです
  나는 내일 시험공부를 할 생각입니다

❖ 私は本屋へ行っ来るつもりです
  나는 서점에 갔다 올 생각입니다

25
□ **~てあげる** ~해 주다 (무언가를 해 줄 때)
- 동사 て형 +

❖ 私は友達の宿題を手伝ってあげました
  나는 친구 숙제를 도와주었습니다

❖ お母さんに傘を買ってあげました
  어머니께 우산을 사 드렸습니다

26
□ **~てある** ~해져 있다 (동작의 상태)
- 동사 て형 +

❖ 窓が開けてあります
  창문이 열려 있습니다

❖ 冷蔵庫の中にビールが冷やしてあります
  냉장고 안에 맥주가 차가워져 있습니다

27
□ **~ているところだ** ~하고 있는 중이다 (동작이 진행)
- 동사 て형 +

❖ コーヒーを飲んでいるところです
  커피를 마시고 있는 중입니다

❖ 勉強しているところです
  공부하고 있는 중입니다

28
□ **~ていく** ~해 가다 (상황)
- 동사 て형 +

❖ 少しずつ人口が増えていきます
  조금씩 인구가 늘어 갑니다

❖ 二人の関係が遠くなっていきます
  두 사람 관계가 멀어져 갑니다

29
□ **~てくる** ~해 오다 (접근해 오는 상황)
- 동사 て형 +

❖ 天気が晴れてきます 날씨가 개어 옵니다

❖ 学校の生活に慣れてきます
  학교생활에 익숙해져 옵니다

30
□ ~ておく
- 동사 て형 +

~해 두다 (미리 준비)

❖ 念のために書いておきます
　그만약을 위해 써 두겠습니다

❖ 飲み物は買っておきます
　마실 것은 사 두겠습니다

31
□ ~てくれる
- 동사 て형 +

~해 주다 (무언가를 해 줄 때)

❖ 兄は宿題を手伝ってくれた
　형은 숙제를 도와 주었다

❖ 友達はぼくに本を貸してくれた
　친구들은 나에게 책을 빌려주었다

32
□ ~てしまう
- 동사 て형 +

~해 버리다, ~하고 말다 (행동이나 작용이 완료, 유감)

❖ 全部食べてしまいました
　전부 먹어버렸습니다

❖ 店をしまってうちへ行ってしまいました
　가게를 닫고 집에 가 버렸습니다

33
□ ~てみる
- 동사 て형 +

~해 보다 (시험)

❖ 食べてみてもいいですか
　먹어봐도 됩니까?

❖ この音楽を聞いてみます
　이 음악을 들어 보겠습니다

34
□ ~なさい
- 동사 ます형 +

~하세요, ~하렴 (아랫사람 명령)

❖ ここに座りなさい 여기에 앉으세요
❖ 勉強しなさい 공부하세요

35
□ ~なら
- 명사・な형용사 어간 +
- い형용사・동사의 기본형 +

~라면, ~한다면 (가정・조건)

❖ 重い荷物があるなら車で行ったほうがいいですよ 무거운 짐이 있으면 차를 타고 가는 편이 좋습니다

❖ あなたならできると思います
　당신이라면 할 수 있다고 생각합니다

36
□ **~ようにする**
- 동사 명사수식형 +

~하도록 하다 (동작을 반복함)

❖ なるべく早く着くようにします
되도록 빨리 도착하도록 하겠습니다

❖ 宿題は忘れないようにします
숙제는 잊지 않도록 하겠습니다

37
□ **~のが**
- い형용사・な형용사・동사의 명사수식형 +

~것이 (형식명사로 쓰이는 용법)

❖ 外国語を習うのが好きです
외국어를 배우는 것을 좋아합니다

❖ 白いのがいいですか、黒いのがいいですか
하얀 것이 좋습니까? 검은 것이 좋습니까?

38
□ **~のだ／んだ**
- 명사 + な + ~のだ／んだ
- い형용사・な형용사・동사의 명사수식형 +

~인 것이다, ~이다 (설명의 요구나 주장, 강조)

❖ 世の中はまったく狭いものだ
세상이란 참으로 좁은 것이다

❖ 音がしたんです 소리가 났던 것입니다

39
□ **~ので**
- 명사 + な +
- い형용사・な형용사・동사의 명사수식형 +

~이기 때문에, ~여서 (일반적, 객관적 이유나 원인)

❖ 約束があるのでお先に失礼します
약속이 있어서 먼저 실례하겠습니다

❖ 雨が降るので出かけなかった
비가 내리기 때문에 나가지 않았다

40
□ **~のに**
- 명사 + な +に
- い형용사・な형용사・동사의 명사수식형 +

~하는데, ~인데도 (예상되는 결과)

❖ 学生なのにどうして遊んでばかりいますか 학생인데 어째서 놀고만 있습니까?

❖ 雨が降るのに傘もささない
비가 오는데도 우산도 쓰지 않는다

41
□ **~始(はじ)める**
- 동사 ます형 +

~하기 시작하다 (동작이나 작용의 시작)

❖ 花が咲き始める 꽃이 피기 시작하다

❖ 小説を書き始める 소설을 쓰기 시작하다

42
~終(お)わる
- 동사 ます형 +

다 ~하다, ~것이 끝나다 (동작의 완료)

❖ ご飯は食べ終わりました
밥은 다 먹었습니다
❖ 本を読み終わる 책을 다 읽어 버리다

43
~にくい
- 동사 ます형 +

~하기 어렵다 (어려운 상태)

❖ この靴は履きにくいです
이 구두는 신기 어렵습니다
❖ 使いにくいノートです
사용하기 불편한 노트입니다

44
~やすい
- 동사 ます형 +

~하기 쉽다, ~하기 편하다 (쉬운 상태)

❖ このペンは書きやすいです
이 펜은 쓰기 편합니다
❖ 着やすい服です 입기 편한 옷입니다

45
~はずだ
- 명사·い형용사·な형용사·
  동사의 명사수식형 +

당연히 ~하다 (당연성)

❖ 彼は知っていたはずです
그는 틀림없이 알고 있었을 것입니다
❖ 今年卒業のはずです
올해 틀림없이 졸업 일 것입니다

46
~ようだ
- 명사 + の +
- い형용사·な형용사·동사의
  명사수식형 +

~와 같다, ~할 것 같다 (비유나 추측)

❖ 彼は来ないようです
그는 오지 않을 것같습니다
❖ あれが学校のようだ 저것이 학교 같다

47
~ようになる
- 동사 명사수식형 +

~하게 되다 (상태나 습관의 변화)

❖ 漢字が読めるようになりました
한자를 읽을 수 있게 되었습니다
❖ 歩けるようになりました
걸을 수 있게 되었습니다

48
~(よ)うとする
- 동사 의지형 +

~하려고 하다 (동작·행위)

❖ 日本へ行こうとする 일본에 가려고 한다.

❖ しようとしてもできないこと
하려고 해도 할 수 없는 일

49
~ばいい
- 명사·い형용사·な형용사·동사의 가정형 +

~하면 좋다 (희망)

❖ 皆で行けばいいですが
모두 다 가면 좋겠는데요…

❖ サイズがもっと小さければいいです
사이즈가 더 작으면 좋겠습니다

50
~ばよかった
- 동사 가정형 +

~했으면 좋았다 (아쉬워하는 기분)

❖ 早く返せばよかった
빨리 돌려 줬으면 좋았다

❖ 持ってくればよかった
가지고 왔으면 좋았다

51
~ば~ほど
- い형용사·な형용사·동사의 가정형 + ~ば, い형용사·な형용사·동사의 명사수식형 ~ほど

~하면 ~할수록 (반복하여 동작이나 상황이 진행됨)

❖ 毎日運動すればするほど上手になります 매일 운동하면 할수록 능숙해 집니다

❖ かばんが軽ければ軽いほどいいです
가방이 가벼우면 가벼울수록 좋습니다

52
~(よ)うと思(おも)う
- 동사 의지형 +

~하려고 생각하다 (사람의 예정이나 의지)

❖ 山へ行って来ようと思います
산에 갔다오려고 합니다

❖ なるべく早く行こうと思います
되도록이면 빨리 가려고 생각합니다

53
~たばかりだ
- 동사 た형 +

막 ~하다, ~한 지 얼마 안 되다 (행동이 끝난 직후)

❖ 彼が来たばかりです 그가 막 왔습니다

❖ 外国語を習ったばかりです
외국어를 배운지 얼마 안 됩니다

54
~た通(とお)り(に)
- 명사 + の + 通(とお)り(に)
- 동사 た형 +

~한 대로 (본대로 들은 대로 그 행동을 할 때)

❖ 友達が言った通りでしたね
  친구가 말한 대로였네요

❖ 説明書の通りにしてください
  설명서대로 해주세요

55
~てさしあげる
- 동사 て형 +

~해 드리다 (아랫사람이 윗사람에게 무언가를 해 줌)(~てあげる의 겸양어)

❖ 私は先生にネクタイを買ってさしあげました
  나는 선생에게 넥타이를 사 드렸습니다

❖ マフラ-を送ってさしあげました
  머플러를 보내 드렸습니다

56
~てくださる
- 동사 て형 +

~해 주시다 (윗사람이 아랫사람에게 어떤 행동을 할 때)(~てくれる의 존경어)

❖ 先生が話してくださいました
  선생님이 이야기해 주셨습니다

❖ 先生は私に万年筆を貸してくださいました
  선생은 나에게 만연필을 빌려 주셨습니다

57
~ていただく
- 동사 て형 +

~해 받다 (상대방을 위해 어떤 행동을 하는 의미)(~てもらう의 겸양어)

❖ 先生に日本語を教えていただきます
  선생님이 일본어를 가르쳐 주십니다

❖ お母さんにパンを買っていただきました
  어머니께서 빵을 사주셨습니다

58
~てやる
- 동사 て형 +

~해 주다 (나보다 어린 사람에게 해 줄)

❖ 僕は友達に本を貸してやった
  나는 친구들에게 책을 빌려주었다

❖ 妹に本を読んでやりました
  여동생에게 책을 읽어 주었습니다

59
□ **~てもらう**
- 동사 て형 +

~해 받다 (상대방에게 무언가를 해 받을 때)

❖ 友達にアイスクリームを買ってもらいました
  친구가 아이스크림을 사 주었습니다
❖ 僕は友達に本を貸してもらった
  나는 친구들에게 책을 빌려 받았다

60
□ **~てほしい**
- 동사 て형 +

~해 주기 바라다 (제 3자에 대한 희망이나 요구)

❖ 夫にたばこをやめてほしい
  남편이 담배를 끊었으면 좋겠다
❖ 手伝ってほしいです
  도와 주었으면 좋겠습니다

61
□ **~ように**
- 동사 명사수식형 +

~도록 (목적)

❖ 風がよく通るように開けてください
  바람이 잘 통하도록 열어 주세요
❖ 試験に合格するように努力します
  시험에 합격하도록 노력하겠습니다

62
□ **~ようにしてください**
- 동사 명사수식형 +

~하도록 해 주세요 (부탁 또는 명령)

❖ 毎日運動するようにしてください
  매일 아침 운동을 하도록 해 주세요
❖ 野菜も食べるようにしてください
  야채도 먹도록 해 주세요

63
□ **~間(あいだ)に**
- 명사 + の+
- い형용사·な형용사·동사의 명사수식형 +

~동안에 (기간 내에 행해짐)

❖ 日本にいる間に一度連絡ください
  일본에 있는 동안에 한번 연락주세요
❖ 赤ちゃんが寝ている間に、洗濯します
  아기가 자고 있는 동안에 세탁합니다

문법

JLPT N4 필수문법 | **243**

64
~な
- 동사 기본형 +

~지 마라 (금지, 명령)

❖ 決して嘘をつくな
절대로 거짓말을 하지 마라

❖ お酒をたくさん飲むな
술을 많이 마시지 마라

65
~べきだ
- 동사 기본형 +

~해야 한다 (당연한 상황)

❖ すぐ謝るべきです
곧 사과 해야만 합니다

❖ 守るべき規則 지켜야 할 규칙

66
~べきではない
- 동사 기본형 +

~해서는 안 된다 (반대 표현)

❖ お酒を飲むべきではないです
술을 마셔서는 안 됩니다

❖ 決して嘘をつくべきではないです
절대로 거짓말을 해서는 안 됩니다

67
~らしい
- 명사 · な형용사 어간 +
- い형용사 · 동사의 기본형 +

~인 것 같다 (추측이나 전문)

❖ 彼女は嬉しいらしいです
그녀는 아름다운 것 같습니다

❖ 来月からタクシーの料金が上がるらしいです
다음달부터 택시요금이 오르는 것 같습니다

68
~そうだ
- 명사 +
- い형용사 · な형용사 · 동사의 기본형 +

~라고 한다 (현재, 과거, 긍정, 부정)

❖ ニュースによると雪だそうです
뉴스에 의하면 눈이 내린다고 합니다

❖ 日本は物価が高いそうだ
일본은 물가가 높다고 한다

69
~ないで
- 동사 ない형 +

~하고 않고, ~하지 말고 (뒤에 동사의 문장을 수반)

❖ 勉強しないで、遊んでいます
공부하지 않고 놀고 있습니다

❖ ここで写真を撮らないでください
여기에서 사진을 찍지 말아 주세요

70
□ **~なくて**
- 명사·な형용사 어간 + では(じゃ) +
- い형용사 어간 + く·동사 ない형 +

~않아서 (앞뒤의 행동에 영향), 원인
- 朝ご飯を食べなくて、お腹が空いています 아침밥을 안 먹어서 배가 고픕니다
- 運動をしなくて、心配です 운동을 하지 않아서 걱정입니다

71
□ **~なくなる**
- 명사·な형용사 어간 + では(じゃ) +
- い형용사 어간 + く·동사 ない형 +

~않게 되다 (변화)
- たちまち見えなくなった 금세 보이지 않게 되었다
- わたしとは口をきかなくなった 나하고는 말을 하지 않게 되었다

72
□ **~ながら**
- 동사 ます형 +

~하면서 (앞뒤의 동시 행동)
- 音楽を聞きながら宿題をします 음악을 들으면서 숙제를 합니다
- コーヒーを飲みながら話しましょう 커피를 마시면서 이야기 합시다

73
□ **~(ら)れる**
- 속 동사 미연형 +

~되다, ~함을 당하다 (직접 수동(受動)을 나타냄)
- 財布を盗まれる 지갑을 도둑맞다
- 波に揺られる 파도에 흔들리다

한자

New JLPT Level 4 일본어능력시험

번호	한자	훈독/뜻	훈/음	부수/총획	예시

001 家
집 가
훈 いえ・や
부수 宀(3획)
총획 10획
음 カ・ケ
家 [いえ・や] 집
家賃 [やちん] 집세
家族 [かぞく] 가족
本家 [ほんけ] 본가

002 歌
노래 가
훈 うた・うたう
부수 欠(4획)
총획 14획
음 カ
歌 [うた] 노래
歌う [うたう] 노래하다
歌手 [かしゅ] 가수
国歌 [こっか] 국가

003 強
강할 강
훈 つよい・つよまる・つよめる・しいる
부수 弓(3획)
총획 11획
음 キョウ・ゴウ
強い [つよい] 강하다
強いる [しいる] 강요하다
勉強 [べんきょう] 공부
強引 [ごういん] 억지로 함

004 開
열 개
훈 ひらく・ひらける・あく・あける
부수 門(8획)
총획 12획
음 カイ
開く [ひらく] 열다
開ける [あける] 열다
開始 [かいし] 개시
開放 [かいほう] 개방

005 去
갈 거
훈 さる
부수 厶(2획)
총획 5획
음 キョ・コ
去る [さる] 떠나다
去年 [きょねん] 작년
過去 [かこ] 과거

006 建
세울 건
훈 たてる・たつ
부수 廴(3획)
총획 9획
음 ケン・コン
建てる [たてる] 세우다, 짓다
建物 [たてもの] 건물
建設 [けんせつ] 건설
建立 [こんりゅう] (절,탑)세움

007 犬
개 견
훈 いぬ
부수 犬(4획)
총획 4획
음 ケン
犬 [いぬ] 개
犬死に [いぬじに] 개죽음
犬歯 [けんし] 견치
犬猿 [けんえん] 견원 (개와 원숭이)

008 京
서울 경
훈 -
부수 亠(2획)
총획 8획
음 キョウ・ケイ
上京 [じょうきょう] 상경
京浜 [けいひん] 토쿄와 요코하마

009 軽
가벼울 경
훈 かるい・かろやか
부수 車(7획)
총획 12획
음 ケイ
軽い [かるい] 가볍다
軽やか [かろやか] 가뿐함
軽快 [けいかい] 경쾌
軽率 [けいそつ] 경솔

010 界	경계 **계** 부수 田(5획) 총획 9획	훈 - 음 カイ	境界 [きょうかい] 경계 限界 [げんかい] 한계
011 計	꾀할 **계** 부수 言(7획) 총획 9획	훈 はかる・はからう 음 ケイ	計る [はかる] (저울에) 달다 計らう [はからう] 처리하다 時計 [とけい] 시계 計画 [けいかく] 계획
012 考	헤아릴 **고** 부수 老(4획) 총획 6획	훈 かんがえる 음 コウ	考え [かんがえ] 생각 考える [かんがえる] 생각하다 参考 [さんこう] 참고 思考 [しこう] 사고
013 工	장인 **공** 부수 工(3획) 총획 3획	훈 - 음 コウ・ク	工場 [こうじょう] 공장 工夫 [くふう] 궁리, 고안
014 館	객사 **관** 부수 食(8획) 총획 16획	훈 - 음 カン	図書館 [としょかん] 도서관 会館 [かいかん] 회관
015 光	빛 **광** 부수 儿(2획) 총획 6획	훈 ひかる・ひかり 음 コウ	光る [ひかる] 빛나다 光 [ひかり] 빛 観光 [かんこう] 관광 光景 [こうけい] 광경
016 広 (廣)	넓을 **광** 부수 广(3획) 총획 5획	훈 ひろい・ひろまる・ひろめる・ひろがる・ひろげる 음 コウ	広い [ひろい] 넓다 広がる [ひろがる] 넓어지다 広告 [こうこく] 광고 広大 [こうだい] 광대
017 教 (敎)	가르칠 **교** 부수 攵(4획) 총획 11획	훈 おしえる・おそわる 음 キョウ	教え [おしえ] 가르침 教える [おしえる] 가르치다 教室 [きょうしつ] 교실 教会 [きょうかい] 교회
018 究	궁구할 **구** 부수 穴(5획) 총획 7획	훈 - 음 キュウ	研究 [けんきゅう] 연구 探究 [たんきゅう] 탐구

019 区 (區)	지경 구	훈 -	
	부수 匚(2획) 총획 4획	음 ク	区分 [くぶん] 구분 区別 [くべつ] 구별

020 帰 (歸)	돌아갈 귀	훈 かえる・かえす	帰る [かえる] 돌아오다 帰す [かえす] 돌려보내다
	부수 巾(3획) 총획 10획	음 キ	帰宅 [きたく] 귀가 復帰 [ふっき] 복귀

021 近 (近)	가까울 근	훈 ちかい	近い [ちかい] 가깝다 近道 [ちかみち] 지름길
	부수 辶(3획) 총획 7획	음 キン	近所 [きんじょ] 근처 最近 [さいきん] 최근

022 急 (急)	급할 급	훈 いそぐ	急ぐ [いそぐ] 서두르다 急ぎ [いそぎ] 급함
	부수 心(4획) 총획 9획	음 キュウ	急行 [きゅうこう] 급행 (전철) 特急 [とっきゅう] 특급 (전철)

023 起	일어날 기	훈 おきる・おこる・おこす	起きる [おきる] 일어나다 起こす [おこす] 일으키다
	부수 走(7획) 총획 10획	음 キ	起床 [きしょう] 기상 起源 [きげん] 기원

024 茶	차 다, 차 차	훈 -	
	부수 艹(3획) 총획 9획	음 チャ・サ	茶色 [ちゃいろ] 갈색 喫茶店 [きっさてん] 커피숍

025 短	짧을 단	훈 みじかい	短い [みじかい] 짧다 短め [みじかめ] 짤막함
	부수 矢(5획) 총획 12획	음 タン	短所 [たんしょ] 단점 短期 [たんき] 단기

026 答	대답할 답	훈 こたえる	答える [こたえる] 대답하다 答え [こたえ] 대답
	부수 竹(6획) 총획 12획	음 トウ	答案 [とうあん] 답안 解答 [かいとう] 해답

027 堂	집 당	훈 -	
	부수 土(3획) 총획 11획	음 ドウ	食堂 [しょくどう] 식당 講堂 [こうどう] 강당

028 代	대신할 대 부수 人(2회) 총획 5획	훈 かわる・かえる・よ・しろ 음 ダイ・タイ	代わる [かわる] 대신하다 代 [よ] 시대, 세대 時代 [じだい] 시대 交代 [こうたい] 교대
029 待	기다릴 대 부수 彳(3회) 총획 9획	훈 まつ 음 タイ	待つ [まつ] 기다리다 待合室 [まちあいしつ] 대합실 招待 [しょうたい] 초대 期待 [きたい] 기대
030 貸	빌릴 대 부수 貝(7회) 총획 12획	훈 かす 음 タイ	貸す [かす] 빌려주다 貸付 [かしつけ] 대부 賃貸 [ちんたい] 임대 貸与 [たいよ] 대여
031 都 (都)	도읍 도 부수 阝(3회) 총획 11획	훈 みやこ 음 ト・ツ	都 [みやこ] 도읍, 수도 都落ち [みやこおち] 낙향 都市 [とし] 도시 都合 [つごう] 형편, 사정
032 図 (圖)	그림 도 부수 口(3회) 총획 7획	훈 はかる 음 ズ・ト	図る [はかる] 도모하다 地図 [ちず] 지도 図書館 [としょかん] 도서관
33 度	법도 도 부수 广(3회) 총획 9획	훈 たび 음 ド・ト・タク	度 [たび] 번, 적, 때 度毎 [たびごと] 매번, 今度 [こんど] 이번, 다음 温度 [おんど] 온도
034 動	움직일 동 부수 力(2회) 총획 11획	훈 うごく・うごかす 음 ドウ	動く [うごく] 움직이다 動かす [うごかす] 옮기다 動物 [どうぶつ] 동물 運動 [うんどう] 운동
035 同	같을 동 부수 口(3회) 총획 6획	훈 おなじ 음 ドウ	同じ [おなじ] 같음 同じく [おなじく] 마찬가지로 同時 [どうじ] 동시 合同 [ごうどう] 합동
036 働	일할 동 부수 亻(2회) 총획 13획	훈 はたらく 음 ドウ	働く [はたらく] 일하다 働き [はたらき] 일, 작업 労働 [ろうどう] 노동 稼働 [かどう] 가동

037 冬 (冬)	겨울 동	훈 ふゆ	冬 [ふゆ] 겨울 冬着 [ふゆぎ] 겨울옷
	부수 夂(2획) 총획 5획	음 トウ	冬季 [とうき] 동계 立冬 [りっとう] 입동

038 頭	머리 두	훈 あたま・かしら	頭 [あたま] 머리 頭 [かしら] 머리, 우두머리
	부수 頁(9획) 총획 16획	음 トウ・ズ・ト	頭痛 [ずつう] 두통 先頭 [せんとう] 선두

039 旅 (旅)	나그네 려	훈 たび	旅 [たび] 여행 旅先 [たびさき] 여행지
	부수 方(4획) 총획 10획	음 リョ	旅行 [りょこう] 여행 旅館 [りょかん] 여관

040 力	힘 력	훈 ちから	力 [ちから] 힘 力一杯 [ちからいっぱい] 힘껏
	부수 力(2획) 총획 2획	음 リョク・リキ	有力 [ゆうりょく] 유력 実力 [じつりょく] 실력

041 料	되질할 료	훈 -	
	부수 斗(4획) 총획 10획	음 リョウ	料理 [りょうり] 요리 給料 [きゅうりょう] 급료, 월급

042 理	다스릴 리	훈 -	
	부수 王(4획) 총획 11획	음 リ	無理 [むり] 무리 理由 [りゆう] 이유

043 林	수풀 림	훈 はやし	林 [はやし] 숲
	부수 木(4획) 총획 8획	음 リン	山林 [さんりん] 산림 森林 [しんりん] 삼림

044 妹	손아랫누이 매	훈 いもうと	妹 [いもうと] 여동생 妹婿 [いもうとむこ] 매제
	부수 女(3획) 총획 8획	음 マイ	姉妹 [しまい] 자매 弟妹 [ていまい] 남동생과 여동생

045 売 (賣)	팔 매	훈 うる・うれる	売る [うる] 팔다 売れる [うれる] 팔리다
	부수 士(3획) 총획 7획	음 バイ	商売 [しょうばい] 장사 売店 [ばいてん] 매점

046 勉(勉)	힘쓸 면	훈 –	
		부수 力(2획) 총획 10획	음 ベン	勉強 [べんきょう] 공부 勤勉 [きんべん] 근면

047 明	밝을 명	훈 あかり・あかる い・あきらか	明るい [あかるい] 밝다 明らか [あきらか] 명백함
		부수 日(4획) 총획 8획	음 メイ・ミョウ ・ミン	説明 [せつめい] 설명 明後日 [みょうごにち] 모레

048 問	물을 문	훈 とう・とい・ とん	問う [とう] 묻다 問い [とい] 질문
		부수 口(3획) 총획 11획	음 モン	専門 [せんもん] 전문 正門 [せいもん] 정문

049 文	글월 문	훈 ふみ	文 [ふみ] 문서, 책 文月 [ふみづき] 음력 7월
		부수 文(4획) 총획 4획	음 ブン・モン	文化 [ぶんか] 문화 注文 [ちゅうもん] 주문

050 門	문 문	훈 かど	門札 [もんさつ] 문패 正門 [せいもん] 정문
		부수 門(8획) 총획 8획	음 モン	門 [かど] 문, 집안, 가족 門口 [かどぐち] 문간

051 物	만물 물	훈 もの	物 [もの] 물건, 것 果物 [くだもの] 과일
		부수 牛(4획) 총획 8획	음 ブツ・モツ	動物 [どうぶつ] 동물 荷物 [にもつ] 짐

052 味	맛 미	훈 あじ・ あじわう	味わう [あじわう] 맛보다 味 [あじ] 맛
		부수 口(3획) 총획 8획	음 ミ	意味 [いみ] 의미 興味 [きょうみ] 관심, 흥미

053 民	백성 민	훈 たみ	民 [たみ] 국민 民草 [たみくさ] 민초, 백성
		부수 氏(4획) 총획 5획	음 ミン	市民 [しみん] 시민 住民 [じゅうみん] 주민

054 飯(飯)	밥 반	훈 めし	飯 [めし] 밥 昼飯 [ひるめし] 점심
		부수 食(8획) 총획 12획	음 ハン	御飯 [ごはん] 밥 夕飯 [ゆうはん] 저녁밥

055 発(發)	필 발	훈 –	
	부수 癶(5획) 총획 9획	음 ハツ・ホツ	発音 [はつおん] 발음 発願 [ほつがん] 발원

056 方	모 방	훈 かた	方 [かた] 분(사람) 仕方 [しかた] 하는 방법
	부수 方(4획) 총획 4획	음 ホウ	両方 [りょうほう] 양쪽 方法 [ほうほう] 방법

057 別	다를 별	훈 わかれる	別れる [わかれる] 이별하다 別れ [わかれ] 헤어짐, 이별
	부수 刀(2획) 총획 7획	음 ベツ	特別 [とくべつ] 특별 送別 [そうべつ] 송별

058 病	병들 병	훈 やむ・やまい	病む [やむ] 병들다, 앓다 病 [やまい] 병
	부수 疒(5획) 총획 10획	음 ビョウ・ヘイ	病院 [びょういん] 병원 疾病 [しっぺい] 질병

059 歩(步)	걸음 보	훈 あるく・あゆむ	歩く [あるく] 걷다 歩む [あゆむ] 걷다
	부수 止(4획) 총획 8획	음 ホ・ブ・フ	歩道 [ほどう] 보도 歩 [ぶ] 비율

060 服(服)	입을 복	훈 –	
	부수 月(4획) 총획 8획	음 フク	洋服 [ようふく] (서양식) 옷 和服 [わふく] 일본 전통 옷

061 不	아닌가 부, 아닐 불	훈 –	
	부수 一(1획) 총획 4획	음 フ	不便 [ふべん] 불편 不幸 [ふこう] 불행

062 体(體)	몸 체	훈 からだ	体 [からだ] 몸 体付き [からだつき] 몸매
	부수 人(2획) 총획 7획	음 タイ・テイ	気体 [きたい] 기체 体 [てい] 모습, 태도

063 事	일 사	훈 こと	事 [こと] 일 事柄 [ことがら] 사항, 사정
	부수 亅(1획) 총획 8획	음 ジ・ズ	事件 [じけん] 사건 好事家 [こうずか] 호사가

064 仕	벼슬할 사	훈 つかえる	仕える [つかえる] 섬기다 仕事 [しごと] 일, 직업
	부수 人(2획) 총획 5획	음 シ・ジ	給仕 [きゅうじ] 급사 065

065 使	부릴 사	훈 つかう	使う [つかう] 사용하다 使い [つかい] 심부름꾼
	부수 人(2획) 총획 8획	음 シ	使用 [しよう] 사용 使命 [しめい] 사명

066 思	생각 사	훈 おもう	思う [おもう] 생각하다 思い [おもい] 생각
	부수 心(4획) 총획 9획	음 シ	思想 [しそう] 사상 意思 [いし] 의사

067 死	죽을 사	훈 しぬ	死ぬ [しぬ] 죽다 死に [しに] 죽음
	부수 歹(4획) 총획 6획	음 シ	死体 [したい] 시체 死亡 [しぼう] 사망

068 私	사사로울 사	훈 わたし・ わたくし	私 [わたし/わたくし] 저 私立 [わたくしりつ] 사립
	부수 禾(5획) 총획 7획	음 シ	私立 [しりつ] 사립 私有 [しゆう] 사유

069 写 (寫)	베낄 사	훈 うつす・ うつる	写る [うつる] 찍히다 写す [うつす] 베끼다
	부수 冖(2획) 총획 5획	음 シャ	写真 [しゃしん] 사진 描写 [びょうしゃ] 묘사

070 産	낳을 산	훈 うむ・うまれ る・うぶ	産む [うむ] 낳다 産まれる [うまれる] 태어나다
	부수 生(5획) 총획 11획	음 サン	産業 [さんぎょう] 산업 財産 [ざいさん] 재산

071 森	나무 빽빽할 삼	훈 もり	森 [もり] 숲
	부수 木(4획) 총획 12획	음 シン	森林 [しんりん] 삼림 森厳 [しんげん] 삼엄

072 色	색 색	훈 いろ	色 [いろ] 색깔 色糸 [いろいと] 색실
	부수 色(6획) 총획 6획	음 ショク・シキ	特色 [とくしょく] 특색 景色 [けしき] 경치

073	暑 (暑) 더울 서	훈 あつい	暑い [あつい] 덥다 暑さ [あつさ] 더위
		부수 日(4획) 총획 12획 / 음 ショ	暑 [しょ] 서, 더위 残暑 [ざんしょ] 늦더위
074	夕 저녁 석	훈 ゆう	夕方 [ゆうがた] 해질녘 夕飯 [ゆうはん] 저녁밥
		부수 夕(3획) 총획 3획 / 음 セキ	夕陽 [せきよう] 석양 朝夕 [ちょうせき] 조석
075	説 (說) 말씀 설	훈 とく	説く [とく] 설명하다
		부수 言(7획) 총획 14획 / 음 セツ・ゼイ	説明 [せつめい] 설명 遊説 [ゆうぜい] 유세
076	声 (聲) 소리 성	훈 こえ・こわ	声 [こえ] 목소리 声音 [こわね] 음성
		부수 士(3획) 총획 7획 / 음 セイ・ショウ	歓声 [かんせい] 환성 声点 [しょうてん] 성점
077	洗 씻을 세	훈 あらう	洗う [あらう] 씻다 お手洗い [おてあらい] 화장실
		부수 氵(3획) 총획 9획 / 음 セン	洗濯 [せんたく] 세탁, 빨래 洗剤 [せんざい] 세제
078	世 세대 세	훈 よ	世の中 [よのなか] 세상 世 [よ] 세상, 사회
		부수 一(1획) 총획 5획 / 음 セイ・セ	世紀 [せいき] 세기 世界 [せかい] 세계
079	所 (所) 바 소	훈 ところ	所 [ところ] 곳 所書き [ところがき] 주소
		부수 戸(4획) 총획 8획 / 음 ショ	場所 [ばしょ] 장소 住所 [じゅうしょ] 주소
080	送 (送) 보낼 송	훈 おくる	送る [おくる] 부치다 送り手 [おくりて] 발송인
		부수 辶(3획) 총획 9획 / 음 ソウ	放送 [ほうそう] 방송 送別 [そうべつ] 송별
081	首 머리 수	훈 くび	首 [くび] 목 手首 [てくび] 손목
		부수 首(9획) 총획 9획 / 음 シュ	首都 [しゅと] 수도 部首 [ぶしゅ] 부수

082	習 (習)	익힐 습	부수 羽(6획) / 총획 11획	훈 ならう / 음 シュウ	習う [ならう] 배우다 / 習い [ならい] 습관 / 練習 [れんしゅう] 연습 / 復習 [ふくしゅう] 복습
083	乗 (乘)	탈 승	부수 ノ(1획) / 총획 9획	훈 のる・のせる / 음 ジョウ	乗る [のる] 타다 / 乗せる [のせる] 태우다 / 乗客 [じょうきゃく] 승객 / 乗車 [じょうしゃ] 승차
084	始	비로소 시	부수 女(3획) / 총획 8획	훈 はじめる・はじまる / 음 シ	始まる [はじまる] 시작되다 / 始め [はじめ] 처음, 시작 / 開始 [かいし] 개시 / 原始 [げんし] 원시
085	市	저자 시	부수 巾(3획) / 총획 5획	훈 いち / 음 シ	市場 [いちば] 시장 / 市日 [いちび] 장날 / 市民 [しみん] 시민 / 都市 [とし] 도시
086	試	시험할 시	부수 言(7획) / 총획 13획	훈 こころみる・ためす / 음 シ	試す [ためす] 시험하여 보다 / 試み [こころみ] 시도 / 試合 [しあい] 시합 / 試験 [しけん] 시험
087	室	집 실	부수 宀(3획) / 총획 9획	훈 むろ / 음 シツ	室咲き [むろざき] 온실꽃 / 室 [むろ] 산허리에 판 암굴 / 教室 [きょうしつ] 교실 / 会議室 [かいぎしつ] 회의실
088	心	마음 심	부수 心(4획) / 총획 4획	훈 こころ / 음 シン	心 [こころ] 마음, 정신 / 心持ち [こころもち] 기분, 마음가짐 / 心配 [しんぱい] 걱정 / 安心 [あんしん] 안심
089	悪 (惡)	악할 악, 미워할 오	부수 心(4획) / 총획 11획	훈 わるい / 음 アク・オ	悪い [わるい] 나쁘다 / 悪口 [わるくち] 욕, 험담 / 悪意 [あくい] 악의 / 悪寒 [おかん] 오한
090	楽 (樂)	즐길 락, 풍류 악, 좋을 요	부수 木(4획) / 총획 13획	훈 たのしい・たのしむ / 음 ガク・ラク	楽しい [たのしい] 즐겁다 / 楽しむ [たのしむ] 좋아하다 / 音楽 [おんがく] 음악 / 楽 [らく] 편안함

번호	한자	뜻·음	부수/총획	훈	음	예
091	安	편안할 안	宀(3획) / 6획	やすい	アン	安い [やすい] 싸다 / 安物 [やすもの] 값싼 물건, 싸구려 / 安全 [あんぜん] 안전 / 不安 [ふあん] 불안
092	顔 (顔)	얼굴 안	頁(9획) / 18획	かお	ガン	顔 [かお] 얼굴 / 顔付き [かおつき] 표정, 생김 / 童顔 [どうがん] 동안 / 顔面 [がんめん] 안면, 얼굴
093	暗	어두울 암	日(4획) / 13획	くらい	アン	暗い [くらい] 어둡다 / 暗闇 [くらやみ] 어둠 / 暗記 [あんき] 암기 / 暗算 [あんざん] 암산
094	野	들 야	里(7획) / 11획	の	ヤ	野原 [のはら] 들, 들판 / 野 [の] 들, 들판 / 野菜 [やさい] 야채 / 分野 [ぶんや] 분야
095	夜	밤 야	夕(3획) / 8획	よ・よる	ヤ	夜 [よる] 밤 / 夜中 [よなか] 한밤중 / 今夜 [こんや] 오늘밤 / 深夜 [しんや] 심야
096	弱 (弱)	약할 약	弓(3획) / 10획	よわい・よわまる・よわめる	ジャク	弱い [よわい] 약하다 / 弱まる [よわまる] 약해지다 / 弱点 [じゃくてん] 약점 / 貧弱 [ひんじゃく] 빈약
097	薬 (藥)	약 약	++(3획) / 16획	くすり	ヤク	薬 [くすり] 약 / 薬指 [くすりゆび] 약지 / 薬品 [やくひん] 약품 / 農薬 [のうやく] 농약
098	洋	바다 양	氵(3획) / 9획	-	ヨウ	洋服 [ようふく] (서양식) 옷 / 西洋 [せいよう] 서양
099	業	업 업	木(4획) / 13획	わざ	ギョウ・ゴウ	業 [わざ] 행위, 일 / 業師 [わざし] 책사, 모사 / 授業 [じゅぎょう] 수업 / 卒業 [そつぎょう] 졸업

100 研	갈 연	훈 とぐ	研ぐ [とぐ] (칼을) 갈다 研ぎ出し [とぎだし] 표면을 갈아서 광을 냄
	부수 石(5획) 총획 9획	음 ケン	研究 [けんきゅう] 연구 研修 [けんしゅう] 연수
101 映	비출 영	훈 うつる・うつす・はえる	映る [うつる] 비치다 映える [はえる] 빛나다, 돋보이다
	부수 日(4획) 총획 9획	음 エイ	映画 [えいが] 영화 映写 [えいしゃ] 영사
102 英	꽃부리 영	훈 -	
	부수 ⺾(3획) 총획 8획	음 エイ	英語 [えいご] 영어 英和 [えいわ] 영일
103 屋	집 옥	훈 や	部屋 [へや] 방 八百屋 [やおや] 야채가게
	부수 尸(3획) 총획 9획	음 オク	屋上 [おくじょう] 옥상 家屋 [かおく] 가옥
104 曜	빛날 요	훈 -	
	부수 日(4획) 총획 18획	음 ヨウ	曜日 [ようび] 요일 何曜日 [なんようび] 무슨 요일
105 用	쓸 용	훈 もちいる	用いる [もちいる] 이용하다
	부수 用(5획) 총획 5획	음 ヨウ	用意 [ようい] 준비 利用 [りよう] 이용
106 牛	소 우	훈 うし	牛 [うし] 소 牛車 [うしぐるま] 소달구지
	부수 牛(4획) 총획 4획	음 ギュウ	牛肉 [ぎゅうにく] 소고기 牛乳 [ぎゅうにゅう] 우유
107 運	움직일 운	훈 はこぶ	運ぶ [はこぶ] 나르다, 옮기다 運び [はこび] 운반, 수송
	부수 辶(3획) 총획 12획	음 ウン	運転 [うんてん] 운전 幸運 [こううん] 행운
108 元	으뜸 원	훈 もと	元 [もと] 이전, 근원 足元 [あしもと] 발 밑
	부수 儿(2획) 총획 4획	음 ゲン・ガン	元気 [げんき] 활기 넘침 元日 [がんじつ] 설날

109	員 관원 원	훈 -	음 イン	店員 [てんいん] 점원 全員 [ぜんいん] 전원
	부수 口(3획) 총획 10획			
110	院 집 원	훈 -	음 イン	入院 [にゅういん] 입원 退院 [たいいん] 퇴원
	부수 阝(3획) 총획 10획			
111	遠 (遠) 멀 원	훈 とおい	음 エン・オン	遠い [とおい] 멀다 遠慮 [えんりょ] 사양 遠忌 [おんき] 원기, 50년마다 지내는 기일
	부수 辶(3획) 총획 13획			
112	有 있을 유	훈 ある	음 ユウ・ウ	有る [ある] 존재하다 有難う [ありがとう] 고마워요 有名 [ゆうめい] 유명 有無 [うむ] 유무
	부수 月(4획) 총획 6획			
113	肉 고기 육	훈 -	음 ニク	豚肉 [ぶたにく] 돼지고기 牛肉 [ぎゅうにく] 소고기
	부수 肉(6획) 총획 6획			
114	銀 은 은	훈 -	음 ギン	銀 [ぎん] 은 銀行 [ぎんこう] 은행
	부수 金(8획) 총획 14획			
115	音 소리 음	훈 おと・ね	음 オン・イン	音 [おと/ね] 소리 音色 [ねいろ] 음색 音楽 [おんがく] 음악 音信 [いんしん] 소식, 편지
	부수 音(9획) 총획 9획			
116	意 뜻 의	훈 -	음 イ	意味 [いみ] 의미 注意 [ちゅうい] 주의
	부수 心(4획) 총획 13획			
117	医 (醫) 의원 의	훈 -	음 イ	医者 [いしゃ] 의사 医学 [いがく] 의학
	부수 匚(2획) 총획 7획			

한자	뜻·음	훈·음	예시
118 以	써 이 부수 人(2획) 총획 5획	훈 – 음 イ	以上 [いじょう] 이상 以外 [いがい] 이외
119 引	끌 인 부수 弓(3획) 총획 4획	훈 ひく・ひける 음 イン	引く [ひく] 끌다, 당기다 引き出し [ひきだし] 서랍 引退 [いんたい] 은퇴 索引 [さくいん] 색인
120 姉	누이 자 부수 女(3획) 총획 8획	훈 あね 음 シ	姉 [あね] 누나, 언니 姉婿 [あねむこ] 자형, 매형 姉妹 [しまい] 자매
121 字	글자 자 부수 子(3획) 총획 6획	훈 – 음 ジ	漢字 [かんじ] 한자 数字 [すうじ] 숫자
122 自	스스로 자 부수 自(6획) 총획 6획	훈 みずから 음 ジ・シ	自ら [みずから] 스스로 自分 [じぶん] 자신, 자기 自然 [しぜん] 자연
123 者	놈 자 부수 耂(4획) 총획 8획	훈 もの 음 シャ	者 [もの] 자, 사람 若者 [わかもの] 젊은이 医者 [いしゃ] 의사 学者 [がくしゃ] 학자
124 作	지을 작 부수 人(2획) 총획 7획	훈 つくる 음 サク・サ	作る [つくる] 만들다 作り [つくり] 구조 作文 [さくぶん] 작문 作業 [さぎょう] 작업
125 場	마당 장 부수 土(3획) 총획 12획	훈 ば 음 ジョウ	場所 [ばしょ] 장소 広場 [ひろば] 광장 工場 [こうじょう] 공장 会場 [かいじょう] 회장
126 低	낮을 저 부수 イ(2획) 총획 7획	훈 ひくい・ひくめる・ひくまる 음 テイ	低い [ひくい] 낮다 低める [ひくめる] 낮추다 最低 [さいてい] 최저 低下 [ていか] 저하

127	붉을 적 赤	훈 あか・あかい・あからむ	赤ちゃん [あかちゃん] 아기 赤い [あかい] 빨갛다, 붉다
	부수 赤(7획) 총획 7획	음 セキ	赤道 [せきどう] 적도 赤色 [せきしょく] 적색
128	밭 전 田	훈 た	田 [た] 논 田植え [たうえ] 모내기
	부수 田(5획) 총획 5획	음 デン	田園 [でんえん] 전원 水田 [すいでん] 수전, 논
129	구를 전 転 (轉)	훈 ころがる・ころげる・ころがす・ころぶ	転ぶ [ころぶ] 넘어지다 転がす [ころがす] 굴리다
	부수 車(7획) 총획 11획	음 テン	運転 [うんてん] 운전 回転 [かいてん] 회전
130	끊을 절, 모두 체 切	훈 きる・きれる	切る [きる] 자르다, 끊다 切れる [きれる] 베이다
	부수 刀(2획) 총획 4획	음 セツ・サイ	親切 [しんせつ] 친절 一切 [いっさい] 일체, 일절
131	바를 정 正	훈 ただしい・ただす・まさ	正しい [ただしい] 옳다 正に [まさに] 바로, 꼭
	부수 止(4획) 총획 5획	음 セイ・ショウ	不正 [ふせい] 부정 正午 [しょうご] 정오
132	밭두둑 정 町	훈 まち	町民 [ちょうみん] 읍민 町中 [まちなか] 시내, 번화가
	부수 田(5획) 총획 7획	음 チョウ	町角 [まちかど] 길모퉁이 町家 [ちょうか] 상가, 상인의 집
133	아우 제 弟	훈 おとうと	弟 [おとうと] 남동생
	부수 弓(3획) 총획 7획	음 テイ・ダイ・デ	兄弟 [きょうだい] 형제 弟子 [でし] 제자
134	제목 제 題	훈 -	
	부수 頁(9획) 총획 18획	음 ダイ	宿題 [しゅくだい] 숙제 問題 [もんだい] 문제
135	일찍 조 早	훈 はやい・はやまる・はやめる	早い [はやい] 이르다, 빠르다 早まる [はやまる] 빨라지다
	부수 日(4획) 총획 6획	음 ソウ・サッ	早速 [さっそく] 즉시, 당장 早期 [そうき] 조기

136 鳥	새 조	훈 とり	鳥 [とり] 새, 조류 鳥小屋 [とりごや] 새장
	부수 鳥(11획) 총획 11획	음 チョウ	白鳥 [はくちょう] 백조 鳥類 [ちょうるい] 조류
137 朝 (朝)	아침 조	훈 あさ	朝 [あさ] 아침 毎朝 [まいあさ] 매일 아침
	부수 月(4획) 총획 12획	음 チョウ	朝刊 [ちょうかん] 조간 王朝 [おうちょう] 왕조
138 族	겨레 족	훈 –	
	부수 方(4획) 총획 11획	음 ゾク	家族 [かぞく] 가족 民族 [みんぞく] 민족
139 終 (終)	마칠 종	훈 おわる・おえる	終(わ)る [おわる] 끝나다 終える [おえる] 끝내다
	부수 糸(6획) 총획 11획	음 シュウ	終了 [しゅうりょう] 종료 最終 [さいしゅう] 최종
140 主	주인 주	훈 ぬし・おも	主 [ぬし] 주인 主に [おもに] 주로
	부수 、(1획) 총획 5획	음 シュ・ス	主張 [しゅちょう] 주장 主義 [しゅぎ] 주의
141 住	살 주	훈 すむ・すまう	住む [すむ] 거주하다 住まう [すまう] 살다
	부수 人(2획) 총획 7획	음 ジュウ	住所 [じゅうしょ] 주소 住民 [じゅうみん] 주민
142 注	물댈 주	훈 そそぐ	注ぐ [そそぐ] 붓다, 따르다
	부수 氵(3획) 총획 8획	음 チュウ	注意 [ちゅうい] 주의 注文 [ちゅうもん] 주문
143 走	달릴 주	훈 はしる	走る [はしる] 달리다
	부수 走(7획) 총획 7획	음 ソウ	走行 [そうこう] 주행 逃走 [とうそう] 도주
144 昼 (晝)	낮 주	훈 ひる	昼 [ひる] 낮 昼寝 [ひるね] 낮잠
	부수 日(4획) 총획 9획	음 チュウ	昼食 [ちゅうしょく] 중식, 점심 昼夜 [ちゅうや] 주야

145 重	무거울 중	훈 え・おもい・かさねる・かさなる	重い [おもい] 무겁다 重なる [かさなる] 겹쳐지다
	부수 里(7획) 총획 9획	음 ジュウ・チョウ	体重 [たいじゅう] 체중 貴重 [きちょう] 귀중
146 地	땅 지	훈 じ	地震 [じしん] 지진 地面 [じめん] 지면, 땅바닥
	부수 土(3획) 총획 6획	음 チ・ジ	地下鉄 [ちかてつ] 지하철 地味 [じみ] 수수함, 검소함
147 持	가질 지	훈 もつ	持つ [もつ] 지속하다, 가지다, 지니다 持ち主 [もちぬし] 소유주
	부수 扌(3획) 총획 9획	음 ジ	維持 [いじ] 유지 支持 [しじ] 지지
148 止	그칠 지	훈 とまる・とめる	止まる [とまる] 서다, 멈추다 止める [とめる] 세우다
	부수 止(4획) 총획 4획	음 シ	禁止 [きんし] 금지 防止 [ぼうし] 방지
149 池	못 지	훈 いけ	池 [いけ] 못, 연못
	부수 氵(3획) 총획 6획	음 チ	電池 [でんち] 전지 乾電池 [かんでんち] 건전지
150 知	알 지	훈 しる	知る [しる] 알다 知り合い [しりあい] 아는 사이
	부수 矢(5획) 총획 8획	음 チ	承知 [しょうち] (상황등을)알고있음 知慧 [ちえ] 지혜
151 紙	종이 지	훈 かみ	紙 [かみ] 종이 表紙 [ひょうし] 표지
	부수 糸(6획) 총획 10획	음 シ	用紙 [ようし] 용지
152 進(進)	나아갈 진	훈 すすむ・すすめる	進む [すすむ] 나아가다 進める [すすめる] 전진시키다
	부수 辶(3획) 총획 11획	음 シン	進学 [しんがく] 진학 進歩 [しんぽ] 진보
153 真(眞)	참 진	훈 ま	真っすぐ [まっすぐ] 똑바로 真ん中 [まんなか] 한가운데
	부수 目(5획) 총획 10획	음 シン	写真 [しゃしん] 사진 真実 [しんじつ] 진실

154 質	바탕 질	훈 –	
	부수 貝(7획) 총획 15획	음 シツ・シチ・チ	質問 [しつもん] 질문 人質 [ひとじち] 인질

155 集	모을 집	훈 あつまる・あつめる・つどう	集まる [あつまる] 모이다 集める [あつめる] 모으다
	부수 隹(8획) 총획 12획	음 シュウ	集会 [しゅうかい] 집회 集合 [しゅうごう] 집합

156 借	빌릴 차	훈 かりる	借りる [かりる] 빌리다 借り [かり] 빌림, 빚
	부수 人(2획) 총획 10획	음 シャク	借用 [しゃくよう] 차용 借家 [しゃくや] 셋집

157 着	붙을 착	훈 きる・きせる・つく・つける	着る [きる] 입다 着く [つく] 도착하다
	부수 羊(6획) 총획 12획	음 チャク・ジャク	到着 [とうちゃく] 도착 愛着 [あいじゃく] 애착

158 菜 (茶)	나물 채	훈 な	菜 [な] 야채, 푸성귀 菜っ葉 [なっぱ] 푸성귀의 잎
	부수 ++(3획) 총획 11획	음 サイ	野菜 [やさい] 야채 菜食 [さいしょく] 채식

159 青 (青)	푸를 청	훈 あお・あおい	青 [あお] 파랑, 푸른 색 青い [あおい] 파랗다
	부수 青(8획) 총획 8획	음 セイ	青年 [せいねん] 청년 青春 [せいしゅん] 청춘

160 村	마을 촌	훈 むら	村 [むら] 마을 村方 [むらかた] 마을 쪽, 농어촌
	부수 木(4획) 총획 7획	음 ソン	農村 [のうそん] 농촌 漁村 [ぎょそん] 어촌

161 秋	가을 추	훈 あき	秋 [あき] 가을 秋風 [あきかぜ] 추풍
	부수 禾(5획) 총획 9획	음 シュウ	秋季 [しゅうき] 추계 立秋 [りっしゅう] 입추

162 春	봄 춘	훈 はる	春 [はる] 봄 春先 [はるさき] 초봄
	부수 日(4획) 총획 9획	음 シュン	青春 [せいしゅん] 청춘 春夢 [しゅんむ] 춘몽

163 親	친할 친	훈 おや・したしい・したしむ		親 [おや] 부모 親しい [したしい] 친하다
	부수 見(7획) 총획 16획	음 シン		親切 [しんせつ] 친절 両親 [りょうしん] 양친, 부모
164 太	클 태	훈 ふとい・ふとる		太い [ふとい] 굵다 太る [ふとる] 살이 찌다
	부수 大(3획) 총획 4획	음 タイ・タ		太陽 [たいよう] 태양 太刀 [たち] 칼, 도검
165 台 (臺)	돈대 대	훈 -		
	부수 口(3획) 총획 5획	음 ダイ・タイ		台所 [だいどころ] 부엌 台風 [たいふう] 태풍
166 通	통할 통	훈 とおる・とおす・かよう		通る [とおる] 지나가다 通う [かよう] 다니다
	부수 辶(3획) 총획 10획	음 ツウ		交通 [こうつう] 교통 通行 [つうこう] 통행
167 特	특별할 특	훈 -		
	부수 牛(4획) 총획 10획	음 トク		特に [とくに] 특히 特別 [とくべつ] 특별
168 便	편할 편	훈 たより		便り [たより] 편지, 소식
	부수 亻(2획) 총획 9획	음 ベン・ビン		便利 [べんり] 편리 郵便局 [ゆうびんきょく] 우체국
169 品	물건 품	훈 しな		品 [しな] 물건, 품질 品物 [しなもの] 물품, 상품
	부수 口(3획) 총획 9획	음 ヒン		食料品 [しょくりょうひん] 식료품 品目 [ひんもく] 품목
170 風	바람 풍	훈 かぜ・かざ		風 [かぜ] 바람 風窓 [かざまど] 통풍창
	부수 風(9획) 총획 9획	음 フウ・フ		風景 [ふうけい] 풍경 風呂 [ふろ] 목욕, 욕실
171 夏	여름 하	훈 なつ		夏 [なつ] 여름 夏休み [なつやすみ] 여름 방학
	부수 夂(3획) 총획 10획	음 カ・ゲ		夏季 [かき] 하계, 여름철 夏至 [げし] 하지

寒 (寒)	172	찰 **한** / 훈 さむい / 음 カン / 부수 宀(3획) / 총획 12획	寒い [さむい] 춥다 / 寒気 [さむけ] 한기 / 寒帯 [かんたい] 한대 / 寒気 [かんき] 한기, 추위
漢 (漢)	173	한나라 **한** / 훈 - / 음 カン / 부수 氵(3획) / 총획 13획	漢字 [かんじ] 한자 / 漢和 [かんわ] 중국과 일본
合	174	합할 **합** / 훈 あう・あわす・あわせる / 음 ゴウ・ガッ・カッ / 부수 口(3획) / 총획 6획	合う [あう] 맞다 / 合わせる [あわせる] 맞추다 / 合格 [ごうかく] 합격 / 合唱 [がっしょう] 합창
海 (海)	175	바다 **해** / 훈 うみ / 음 カイ / 부수 氵(3획) / 총획 9획	海 [うみ] 바다 / 海風 [うみかぜ] 해풍 / 海岸 [かいがん] 해안 / 海外 [かいがい] 해외
験 (驗)	176	시험 **험** / 훈 - / 음 ケン・ゲン / 부수 馬(10획) / 총획 18획	試験 [しけん] 시험 / 霊験 [れいげん] 영험
県 (縣)	177	매달 **현** / 훈 - / 음 ケン / 부수 目(5획) / 총획 9획	県令 [けんれい] 현령 / 郡県 [ぐんけん] 군현
兄	178	맏 **형** / 훈 あに / 음 ケイ・キョウ / 부수 儿(2획) / 총획 5획	兄 [あに] 형, 오빠 / 兄嫁 [あによめ] 형수 / 兄弟 [きょうだい] 형제 / 父兄 [ふけい] 부형
好	179	좋을 **호** / 훈 このむ・すく / 음 コウ / 부수 女(3획) / 총획 6획	好きな [すきな] 좋아하는 / 好み [このみ] 기호, 취향 / 格好 [かっこう] 모양, 모습 / 良好 [りょうこう] 양호
画	180	그림 **화** / 훈 - / 음 カク・ガ / 부수 田(5획) / 총획 8획	漫画 [まんが] 만화 / 計画 [けいかく] 계획

181 回	돌 회	훈 まわる・まわす	回る [まわる] 돌다 回す [まわす] 돌리다
	부수 口(3획) 총획 6획	음 カイ・エ	回転 [かいてん] 회전 回心 [えしん] 회심
182 黑 (黑)	검을 흑	훈 くろ・くろい	黒い [くろい] 검다 黒 [くろ] 검은 빛깔
	부수 黒(11획) 총획 11획	음 コク	黒板 [こくばん] 칠판 黒人 [こくじん] 흑인

Part III
부록

- 일본어 문자와 음절
- 수사 읽는 방법
- 필수 관용구
- 필수 속담
- 찾아보기

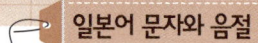
일본어 문자와 음절

1. 일본어의 문자

❶ ひらがな[hiragana] 10~11세기에 한자의 초서체를 바탕으로 만들어졌다.
❷ かたかな[katakana] 외래어, 의성어 전보문, 동식물명에 사용된다.
❸ かな한자는 한 음절 각 음절은 1박의 길이를 갖는다.

2. 오십음도(五十音図)

50음도란 かな를 모음의 종류에 따라 세로 5단(段)으로, 자음의 종류에 따라 가로 10행(行)으로 배열한 것으로 사전을 찾을 때와 어미활용을 익히는 데도 필요하다.
일본의 음의 기본이 되는 것은 청음(清音)이다.
가로의 배열을 [行(ぎょう)]이라 하여 [あ行] [か行]이라 한다.
세로의 배열을 [段(だん)]이라 하여 [あ段] [い段]이라 한다.
[行]과 [段]은 용언의 어미활용을 익히는 데 필요하다.

3. 일본의 음절

(1) 청음(清音;せいおん)

母音:あ, い, う, え, お
半母音:や, ゆ, よ, わ
子音:母音, 半母音을 제외한 음절

(2) 탁음(濁音;だくおん)

か[ka], さ[sa], た[ta], は[ha] 行의 글자 오른쪽 어깨에 濁点를 붙여 나타내는 음절로 が[ga], ざ[dza], だ[da], ば[ba]의 각 行이다.

(3) 반탁음(半濁音;はんだくおん)

は[ha], ひ[hi], ふ[fu], へ[he], ほ[ho]의 오른쪽 어깨 위에 半濁点을 붙여
ぱ[pa], ぴ[pi], ぷ[pu], ぺ[pe], ぽ[po]로 나타낸다.

(4) 요음(拗音;ようおん)

각行 자음의 [い段] かな의 오른쪽 아래에 [や,ゆ,よ]를 작게 붙여서 나

50음도 (일본어 알파벳)

◆ ひらがな : 한자의 초서체에서 따온 것

n ん	wa わ	ra ら	ya や	ma ま	ha は	na な	ta た	sa さ	ka か	a あ	
		ri り		mi み	hi ひ	ni に	chi ち	si し	ki き	i い	ひ
		ru る	yu ゆ	mu む	hu ふ	nu ぬ	tsu つ	su す	ku く	u う	ら
		re れ		me め	he へ	ne ね	te て	se せ	ke け	e え	が
	wo を	ro ろ	yu よ	mo も	ho ほ	no の	to と	so そ	ko こ	o お	な

◆ カタカナ : 한자의 일부분을 따서 만든 것(발음은 ひらがな와 동일)

n ン	wa ワ	ra ラ	ya ヤ	ma マ	ha ハ	na ナ	ta タ	sa サ	ka カ	a ア	
		ri リ		mi ミ	hi ヒ	ni ニ	chi チ	si シ	ki キ	i イ	カ
		ru ル	yu ユ	mu ム	hu フ	nu ヌ	tsu ツ	su ス	ku ク	u ウ	タ
		re レ		me メ	he ヘ	ne ネ	te テ	se セ	ke ケ	e エ	カ
	wo ヲ	ro ロ	yu ヨ	mo モ	ho ホ	no ノ	to ト	so ソ	ko コ	o オ	ナ

타낸 음절을 말한다. きゃ[kya], きゅ[kyu], きょ[kyo]와 같이 쓴다.

(5) 발음(撥音;はつおん)

[ん]은 언제나 모음 뒤에서 발음된다.

[ㅁ] → 「ば, ぱ, ま」행 앞

[ㄴ] → 「た, だ, ざ, な, ら」행 앞

[ㅇ] → 「か, が」행 앞

[N] → 어말이나 반모음, 「さ, は」행 앞 [つ]를 작게 써서 나타내며 뒤에 오는 음에 따라 [k, s, t, p]로 발음된다.

(6) 촉음(促音;そくおん)

[k] → 「か」행음앞
[s] → 「さ」행음앞
[t] → 「た」행음앞
[p] → 「ぱ」행음앞

(7) 장음(長音;ちょうおん)

같은 모음을 한음절만큼 길게 내는 음이며 ひらがな로 쓸 때는 같은 모음을 쓰나 かたかな로 쓸 때는 [−]부호로 나타낸다.

あ段 + あ　　い段 + い　　う段 + う
え段 + え　　お段 + お,　う를 붙인다.

4. 한자 읽기

(1) 초성의 한자

❶ 초성이「ㄱ」인 한자는 か, が행(行)으로 발음됩니다.
❷ ㄴ - な, だ行
❸ ㄷ - た, だ行
❹ ㄹ - ら行
❺ ㅁ - ま, ば行
❻ ㅂ - は, ば行
❼ ㅅ - さ, ざ行
❽ ㅇ - あ, が, や, か, な, ざ行
❾ ㅈ - さ, ざ, た, だ行
❿ ㅊ - さ, ざ, た行
⓫ ㅋ - か行
⓬ ㅌ - た, だ行
⓭ ㅍ - は, ば, ぱ行
⓮ ㅎ - か, が行

(2) 받침이 없는 한자

① 「아」 발음의 한자 あ, い, い段 /「애」 발음의 한자 あ段い
② 「야」 발음의 한자 や/「어」 발음의 한자 い段よ, え段い, お段
③ 「에」 발음의 한자 え段い, あ段い
④ 「여」 발음의 한자 い段ょ, れい/よ
⑤ 「예」 발음의 한자 え段い, あ段い/よ
⑥ 「오」 발음의 한자 お段う, い段ょう, お段う段, い段ょ
⑦ 「와」 발음의 한자 あ段 /「왜」 발음의 한자 あ段/さつ
⑧ 「외」 발음의 한자 あ段い, お段う/「요」 발음의 한자 い段ょう, お段う
⑨ 「우」 발음의 한자 う段, い段ゅう, お段う, う段い, う段う, い段ゅ, お段
⑩ 「위」 발음의 한자 い段, すい, しゅう, しゅ
⑪ 「웨」 발음의 한자 き
⑫ 「유」 발음의 한자 ゆう, い段ゅう, う段, い段, う段い
⑬ 「의」 발음의 한자 い段
⑭ 「이」 발음의 한자 い段

(3) 받침이 있는 한자

① 받침이 「ㄱ」인 한자 く, き
② 받침이 「ㄴ」인 한자 ん
③ 받침이 「ㄹ」인 한자 つ
④ 받침이 「ㅁ」인 한자 ん
⑤ 받침이 「ㅂ」인 한자 う, つ
⑥ 받침이 「ㅇ」인 한자 う, い

(4) 변형된 한자 읽기 요령

① [~く] → [~っ]
「~く」로 읽는 한자 뒤에 이어지는 한자의 첫소리가 [か行(か, き, く, け, こ)]일 때, 「~く」는 촉음 「~っ」로 바뀐다.

예 悪化(악화) → 惡(あく) + 化(か) → あっか
　　錯(さく) + 覚(かく) → さっかく

❷ [~つ] → [~っ]

「~つ」로 읽는 한자 뒤에 이어지는 한자의 첫소리가 [か, さ, た行(か, き, く, け, こ, さ, し, す, せ, そ, た, ち, つ, て, と)]일 때, 「~つ」는 촉음 「~っ」로 바뀐다.

예 雑貨(잡화) → 雜(ざつ) + 貨(か) → ざっか
　　物(ぶつ) + 資(し) → ぶっし → 設(せつ) + 置(ち) → せっち

❸ [~つ + は行] → [~っ + ぱ行]

「~つ」로 읽는 한자 뒤에 이어지는 한자의 첫소리가 [は行]일 때, 「~つ」는 촉음 「~っ」로 바뀐다.

예 圧迫(압박) → 圧(あつ) + 迫(はく) → あっぱく
　　立(りつ) + 法(ほう) → りっぽう

❹ [は] → [ぱ]

「~ん」로 읽는 한자 뒤에 이어지는 한자의 첫소리가 [は行]일 때, [は行]은 [ぱ行]으로 바뀐다.

예 運搬(운반) → 運(うん) + 搬(はん) → うんぱん
　　遠(えん) + 方(ほう) → えんぽう

❺ 기타

앞 글자가 「ん」으로 끝나고 다음에 [あ行]이 올 때, [あ行]이 [な行]으로 바뀌는 경우가 있다.

예 反応(반응) → 反(はん) + 応(おう) → はんのう → 天(てん) + 皇(おう) → てんのう → 因(いん) + 縁(えん) → いんねん

5. 기타 부호 및 기호

상기의 가나 및 한자 이외에도 일본어에는 특수한 기호 및 부호들이 쓰이고 있다.

、　쉼표와 같은 것으로 문장의 일단정지 등에 사용
。　마침표와 같은 것으로 문장을 종결할 때

- 　カタカナ에서 장음을 표시하는 기호 例(ノート, チョーク)
- 々　동문지 기호로서 앞문자와 동일한 것을 의미 例(人→ひとびと)

6. 띄어쓰기

일본어는 붓으로 서예의 한문문장처럼 우측에서 좌측방향으로 으로 내려쓰기가 원칙이다. 띄어쓰기가 없이 문장을 붙여쓰고 있으며 적절하게 쉼표나 마침표 등을 넣는다. 또한 느낌표나 물음표 등도 원칙적으로 표기하지 않으며 전후의 문맥을 통하여 의미를 구분하며 쓰임에 따라 한자 읽기 방법도 정해진다.

◈ 대명사

	사물	장소	방향	인칭		연체사
근칭	これ	ここ	こちら	わたし	この	こんな
중칭	どれ	そこ	そちら	あなた	その	そんな
원칭	あれ	あそこ	あちら	あのひと	あの	あんな
부정칭	どれ	どこ	どちら	だれ	どの	どんな

◈ 가족명칭

	조부	조모	아버지	어머니	형
자칭	そふ	そぼ	ちち	はは	あに
타칭	おじいさん	おばあさん	おとうさん	おかあさん	おにいさん

	누나	남동생	여동생	백부	백모
자칭	あね	おとうと	いもうと	おじ	おば
타칭	おねえさん	おとうとさん	いもうとさん	おじさん	おばさん

수사 읽는 방법

◈ 조수사

숫자 \ 분류	고유수사	개(個)	명(人)	장(枚)	병(本)
하나	ひとつ	いっこ	ひとり	いちまい	いっぽん
둘	ふたつ	にこ	ふたり	にまい	にほん
셋	みっつ	さんこ	さんにん	さんまい	さんぼん
넷	よっつ	よんこ	よにん	よんまい	よんほん
다섯	いつつ	ごこ	ごにん	ごまい	ごほん
여섯	むっつ	ろっこ	ろくにん	ろくまい	ろっぽん
일곱	ななつ	ななこ	ななにん	ななまい	ななほん
여덟	やっつ	はっこ	はちにん	はちまい	はっぽん
아홉	ここのつ	きゅうこ	きゅうにん	きゅうまい	きゅうほん
열	とお	じゅっこ	じゅうにん	じゅうまい	じゅっぽん
몇	いくつ	なんこ	なんにん	なんまい	なんぼん

숫자 \ 분류	대(台)	켤레(足)	잔(杯)	마리(匹)	권(冊)
하나	いちだい	いっそく	いっぱい	いっぴき	いっさつ
둘	にだい	にそく	にはい	にひき	にさつ
셋	さんだい	さんぞく	さんばい	さんびき	さんさつ
넷	よんだい	よんそく	よんはい	よんひき	よんさつ
다섯	ごだい	ごそく	ごはい	ごひき	ごさつ
여섯	ろくだい	ろくそく	ろっぱい	ろっぴき	ろくさつ
일곱	ななだい	ななそく	ななはい	ななひき	ななさつ
여덟	はちだい	はっそく	はっぱい	はっぴき	はっさつ
아홉	きゅうだい	きゅうそく	きゅうはい	きゅうひき	きゅうさつ
열	じゅうだい	じゅっそく	じゅっぱい	じゅっぴき	じゅっさつ
몇	なんだい	なんぞく	なんばい	なんびき	なんさつ

◈ 수사

1	いち	11	じゅういち	110	ひゃくじゅう	1,100	せんひゃく
2	に	20	にじゅう	200	にひゃく	2,000	にせん
3	さん	30	さんじゅう	300	さんびゃく	3,000	さんぜん
4	し, よん, よ	40	よんじゅう	400	よんひゃく	4,000	よんせん
5	ご	50	ごじゅう	500	ごひゃく	5,000	ごせん
6	ろく	60	ろくじゅう	600	ろっぴゃく	6,000	ろくせん
7	しち, なな	70	ななじゅう	700	ななひゃく	7,000	ななせん
8	はち	80	はちじゅう	800	はっぴゃく	8,000	はっせん
9	く, きゅう	90	きゅうじゅう	900	きゅうひゃく	9,000	きゅうせん
10	じゅう	100	ひゃく	1,000	せん	10,000	いちまん

◈ 년·월·시·분

	년(年)	월(月)	시(時)	분(分)
1	いちねん	いちがつ	いちじ	いっぷん
2	にねん	にがつ	にじ	にふん
3	さんねん	さんがつ	さんじ	さんぷん
4	よねん	しがつ	よじ	よんぷん
5	ごねん	ごがつ	ごじ	ごふん
6	ろくねん	ろくがつ	ろくじ	ろっぷん
7	しちねん·ななねん	しちがつ	しちじ	ななふん
8	はちねん	はちがつ	はちじ	はっぷん
9	きゅうねん	くがつ	くじ	きゅうふん
10	じゅうねん	じゅうがつ	じゅうじ	じっぷん
11	じゅういちねん	じゅういちがつ	じゅういちじ	じゅういっぷん
12	じゅうにねん	じゅうにがつ	じゅうにじ	じゅうにふん

필수관용구

(몸을 중심으로)

肩が凝る	어깨가 뻐근하다, 부담스럽다
肩の荷が降りる	한 짐 덜다
肩を落とす	낙담하다
肩を並べる	어깨를 나란히 하다
肩を持つ	편을 들다, 밀어주다
尻が軽い	경솔하다
尻が長い	엉덩이가 질기다
尻が重い	엉덩이가 무겁다
尻に敷く	깔고 앉다, 아내가 자기주장을 하다
尻に火が付く	발등에 불이 떨어지다
尻を叩く	독려하다
骨になる	죽다
骨に刻む	명심하다
骨に徹する	뼈에 사무치다
骨までしゃぶる	철저하게 남을 이용하다
骨を折る	몹시 애를 쓰다, 진력하다, 고생하다
骨を折れる	힘이 들다
口がうまい	말을 잘하다
口がすっぱくなる	입이 닳다
口が肥える	미각이 잘 발달되어 있다
口が滑る	입을 잘못 놀리다, 까딱 잘못 말하다
口と腹が違う	말과 행동이 다르다
口を利く	말하다, 지껄이다, 중재하다
口を入れる	말참견하다
口を切る	말을 꺼내다, 입을 떼다
口を尖らせる	입을 비쭉 내밀다
口を割る	자백하다
口車に乗る	감언이설에 넘어가다
気がある	마음에 두다
気がかり	마음에 걸림, 걱정, 근심
気がつく	정신이 들다
気が強い	고집이 있다
気が気でない	제정신이 아니다

気が多い	변덕스럽다, 온갖 일에 관심이 많다
気が短い	성질이 급하다
気が利く	세련되다, 멋이 있다, 센스가 있다
気が立つ	흥분하다
気が滅入る	기분이 침울해지다
気が抜ける	긴장이 풀려 하고자 하는 마음이 없어지다
気が変わる	마음이 변하다
気が弱い	마음이 약하다
気が遠くなる	정신이 몽롱하다
気が遠くなる	정신이 아찔해 지다
気がもめる	안절부절 못하다, 마음을 졸이다, 애가 타다
気が引ける	주눅이 들다, 서먹서먹하다
気が済む	만족스럽다, 속이 시원하다
気が重い	마음이 무겁다, 우울하다
気が知れない	속마음을 알 수 없다
気が進む	마음이 내키다
気が置けない	마음이 쓰이지 않다, 무간하다
気が合う	마음이 맞다
気が向く	기분이 내키다
気が荒い	성질이 난폭하다
気が回る	세심한 곳까지 주의가 미치다
気にする	마음에 두다, 신경 쓰다
気に入る	마음에 들다
気に障る	비위에 거슬리다
気をおとす	낙심하다
気を配る	마음 쓰다, 배려하다
気を使う	신경 쓰다
気を飲まれる	(상대편에게) 압도되어 기가 꺾이다
気を引く	넌지시 남의 속을 떠보다
気を持たせる	마음을 들뜨게 하다
～する気がない	～할 생각이 없다
～気がする	～기분이 든다, ～생각이 든다
肌を脱ぐ	웃통을 벗다, 힘써주다, 진력하다

필수관용구

肌身はなさず	몸에 늘 지니고
頭から	처음부터, 무조건, 덮어놓고
頭が堅い	완고하다, 융통성이 없다
頭が上がらない	고개를 못 들다
頭が切れる	머리회전이 빠르다
頭が下がる	(존경심에) 감복하다
頭に来る	울컥 화가 치밀다
頭を使う	머리를 쓰다, 잘 생각하다
頭を痛める	속을 썩이다
頭金	계약금
頭打ち	천장시세, 한계점, 정점
目がない	안목이 없다, 몹시 좋아하다
目が覚める	잠이 깨다
目が高い	안목이 높다, 보는 눈이 있다
目が利く	분별력이 있다, 안목이 높다
目が回る	매우 바쁘다
目と鼻の先	엎드리면 코 닿을 곳
目にさわる	눈에 거슬리다
目に余る	가만히 보고 있을 수 없다
目もくれない	거들떠보지도 않는다
目も当られない	차마 눈뜨고 볼 수 없다
目をそむける	시선을 돌리다
目を盗む	남의 눈을 피하다
目を離す	눈을 떼다
目を通す	훑어보다
大目に見る	너그럽게 보다
ひどい目にあう	(어떤 사건 때문에) 혼이 나다
わき目もふらずに	한 눈 팔지 않고
聞耳を立てる	귀기울여 듣다
眉をひそめる	눈살을 찌푸리다
腹が立つ	화가 나다
腹が座る	침착하여 대담해지다
腹が太い	배짱이 두둑하다

腹が黒い	속이 검다, 엉큼하다
腹に据えかねる	화를 참을 수 없다
腹に一物	꿍꿍이속
腹は借り物	신분 귀천은 아버지에게 달려있다
腹を決める	결심하다, 각오하다
腹を立てる	화를 내다
腹を肥やす	사복을 채우다
腹を切る	사직하다, 그만두다
腹を探る	상대방의 의중을 떠보다
腹を痛める	친자식을 낳다, 자기 돈을 쓰다
腹を抱える	배꼽을 쥐다
腹を割る	본심을 토로하다
お腹を壊す	배탈이 나다
体をこわす	건강을 해치다
鼻が高い	콧대가 높다, 기고만장하다, 우쭐하다
鼻に掛ける	잘난 체하다, 뽐내다
鼻に付く	싫증이 나다
鼻の先	코앞
鼻を折る	콧대를 꺾다
相手の足もとを見る	상대방의 약점을 잡다
舌を巻く	감탄하다
手がない	수단이 없다, 일손이 없다
手が空く	일손이 비다, 틈이 나다
手が掛かる	손이 많이 가다
手が付けられない	손을 댈 수가 없다
手が上がる	솜씨가 늘다
手が足りない	일손이 모자라다
手が出ない	어떻게 손을 쓸 수가 없다
手が回る	서서히 손길이 미치다, 경찰의 손이 뻗치다
手に付かない	일이 손에 잡히지 않는다
手に余る	주체할 수 없다
手に汗を握る	손을 땀을 쥐다
手も足も出ない	어찌해 볼 도리가 없다

필수관용구

手も足も出ない	해 볼 도리가 없다
手をこまぬく	수수방관하다
手をそめる	착수하다, 일을 시작하다
手を抜く	할 일을 안 하고 넘어가다
手を煩わす	(남에게) 폐를 끼치다
手を分かつ	(일이나 임무를) 분담하다, 손을 끊다
手を焼く	애태우다, 애먹다, 처치곤란하다
手を入れる	손질하다, 손보다
手を切る	인연을 끊다
喉から手が出る	매우 갖고 싶어하다
首を長くする	학수고대하다
顎で使う	턱으로 부리다, 가만히 앉아서 남을 부려먹다
顎を出す	맥빠지다, 녹초가 되다, 지쳐버리다
顔から火が出る	(부끄러워서) 얼굴이 화끈거리다
顔が広い	얼굴이 넓다, 아는 사람이 많다
顔が利く	얼굴이 통하다
顔が立つ	면목이 서다
顔に泥を塗る	얼굴에 먹칠을 하다
顔を立てる	체면을 세우다
顔を出す	얼굴을 내밀다, 출석하다
合わせる顔がない	대할 면목이 없다
腕が鳴る	몸이 근질근질해지다, 좀이 쑤시다
腕が上がる	솜씨가 좋아지다
腕によりをかける	온갖 솜씨를 다 부리다
腕に覚えがある	솜씨에 자신이 있다
腕をこまぬく	팔짱끼고 구경만 하다, 수수방관하다
腕をふるう	솜씨를 발휘하다
腕を磨く	실력을 연마하다
腰が高い	거만하다
腰が低い	겸손하다, 저자세다
腰を据える	(한곳에) 정착하다, 자리잡다
腰を抜かす	기겁을 하다
腰を入れる	본격적으로 일에 달려들다

逃げ腰	달아나려는 태도, 발뺌하려는 자세
耳が遠い	귀가 먹다
耳が痛い	(남의 말이 자신의 약점을 찔러) 듣기 거북하다
耳にする	(얼핏) 듣다
耳にたこができる	귀에 못이 박히도록 듣다
耳に付く	귀에 쟁쟁하다
耳を貸す	귀를 기울이다, 귀를 빌리다
耳をそばたてる	귀를 기울이다
耳を傾ける	주의해서 듣다
爪で拾ってみでこぼす	고생하여 모은 것을 헤프게 씀을 비유
爪に火をともす	지독히 인색하다
爪のあか	손톱의 때, 아주 적은 것의 비유
爪のあかをせんじて飲む	훌륭한 사람에게 감화되도록 그의 언행을 본뜨다
爪を研ぐ	손톱을 갈다 야심을 품고 기회를 노리다
後ろ指を差される	손가락질 받다, 욕먹다
足かせになる	걸치적거리다
足がない	교통수단이 없다
足が棒になる	뻣뻣해지다
足が付く	꼬리가 잡히다
足が地に着く	착실한 생활을 하다
足が出る	(예산 따위가) 초과하다
足に任す	발길 닿는 대로 걷다
足もとを見る	약점을 잡다
足を洗う	손을 씻다
足を伸ばして	내친김에, 내친걸음에
足を引っ張る	방해를 하다
家族が足かせになる	가족이 거치적거리다
歯が立たない	맞설 수 없다, 상대가 안 된다
胸が潰れる	가슴이 메어지다
胸が騒ぐ	(걱정이 되어) 가슴이 두근거리다, 가슴이 뛰다
胸が一杯になる	(슬픔, 감격 등으로) 가슴이 벅차다
胸に畳む	마음속에 간직하다
胸を張る	가슴을 펴다
胸を焦がす	애를 태우다
胸を打つ	심금을 울리다, 감동시키다

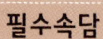

필수속담

論語(ろんご)よみの論語(ろんご)知(し)らず。	논어를 읽는다는 사람이 논어를 모른다.(소리 내어 읽기는 하지만 그 뜻을 제대로 이해하지 못한다 는 비웃음 담은 속담)
大鼓判(たいこばん)を押(お)す。	북처럼 큰 도장으로 찍는다(장담하다. 확실하다는 의미로 쓰임.).
大鼓判(たいこばん)を叩(たた)く。	큰북을 치다. 맞장구 치며 비위를 맞추다.
可愛(かわい)い子(こ)には旅(たび)をさせよ。	귀여운 아이는 여행을 시켜라.(귀한 자식일수록 고생을 시켜라 라는 의미)
情(なさけ)は人(ひと)の為(ため)ならず。	인정을 베푸는 것은 남을 위해서 하는 것이 아니다.(남에게 잘하면 곧 나에게 도움이 된다는 뜻)
鍋釜(なべかま)が賑(にぎ)わう。	냄비와 솥에서 음식이 많이 끓는다.(생활이 풍족하다)
山高(やまたか)きが故(ゆえ)に貴(とうと)からず。	산이 높기만해서 귀한 것은 아니다(겉치레보다는 내실을 기하는 것이 중요하다.)
山(やま)と言(い)えば川(かわ)。	남이 산이라 말하면 강이라고 한다.(남의 말에 항상 반대하는 것을 의미)
朝寝(あさね)、朝酒(あさざけ)朝風呂(あさぶろ)をすると身上(しんじょう)をつぶす。	늦잠, 아침술, 아침목욕은 몸을 망친다.
女(おんな)が三(さん)にんよれば姦(かしま)しい。	여자 셋이 모이면 시끄럽다.
愛多(あいおお)ければ憎(にく)しみ至(いた)る。	사랑이 많으면 미움에 이른다.
急(いそ)がば回(まわ)れ。	급하며 돌아가라.
井戸(いど)を掘(ほ)るなら水(みず)の出(で)るまで。	우물을 판다면 물이 나올 때까지.
浮気(うわき)と乞食(こじき)は止(や)められぬ。	외도와 거렁뱅이 짓은 그만둘 수 없다.
尾(お)を振(ふ)る犬(いぬ)は叩(たた)かれず。	꼬리를 흔드는 개는 맞지 않는다.
帯(おび)に短(みじか)し、たすきに長(なが)し。	허리띠로는 짧고, 어깨띠(멜빵)으로는 길다.(어중간해서 어디에도 쓸모가 없다.)

<ruby>氏<rt>うじ</rt></ruby>より<ruby>育<rt>そだ</rt></ruby>ち。	성씨보다는 교육(양반 자랑하는 사람치고 제대로 된 사람이 없다는 것을 가르쳐 줌.)
<ruby>人参<rt>にんじん</rt></ruby>飲んで<ruby>首括<rt>くびく</rt></ruby>る。	인삼을 마시고 빚을 지고 목을 매어 죽는다.
<ruby>人<rt>ひと</rt></ruby>り<ruby>相撲<rt>ずもう</rt></ruby>。	혼자서 하는 씨름.(아무도 상대를 하지 않는데 혼자서 설치는 것을 이르는 말)
<ruby>人<rt>ひと</rt></ruby>のふんどしで<ruby>相撲<rt>すもう</rt></ruby>を<ruby>取<rt>と</rt></ruby>る。	남의 샅바로 씨름을 하다.(남의 것을 이용해서 자기 속셈을 차리는 것을 비유한 속담)
<ruby>金<rt>かね</rt></ruby>の<ruby>切<rt>き</rt></ruby>れめが<ruby>縁<rt>えん</rt></ruby>の<ruby>切<rt>き</rt></ruby>れめ。	돈 떨어지면 정(情)도 떨어진다.(사람들의 얄궂은 심리를 그대로 꼬집고 있음)
<ruby>地獄<rt>じごく</rt></ruby>の<ruby>沙汰<rt>さた</rt></ruby>も<ruby>金次第<rt>かねしだい</rt></ruby>。	지옥에 가는 일도 돈으로 좌우된다.(돈만 있으면 귀신도 부린다)
<ruby>勝<rt>か</rt></ruby>ってかぶとの<ruby>緒<rt>お</rt></ruby>をしめよ。	이긴 후에 투구의 끈을 묶어라. (이기더라도 방심하지 말고 더욱 조심하라.)
<ruby>総領<rt>そうりょう</rt></ruby>の<ruby>甚六<rt>じんろく</rt></ruby>。	아들은 바보.(맏아들이 얌전하고 굼뜬 점을 욕하는 말)
<ruby>腹<rt>はら</rt></ruby>が<ruby>減<rt>へ</rt></ruby>っては<ruby>戦<rt>いくさ</rt></ruby>が<ruby>出来<rt>でき</rt></ruby>ぬ。	배고프면 전쟁을 할 수 없다. 먹는 것이 제일!
<ruby>腹八分目<rt>はらはちぶめ</rt></ruby>。	조금 양이 덜 차다.(밥을 적당히 먹으라는 뜻)
<ruby>腹八分病<rt>はらはちぶやまい</rt></ruby>なし。	적당히 먹는 사람에게는 병이 없다.(적당히 일하는 사람에게는 탈이 없다.)
<ruby>朝雨<rt>あさあめ</rt></ruby><ruby>女房<rt>にょぼう</rt></ruby>の<ruby>腕<rt>うで</rt></ruby>よくり。	아침 비와 마누라의 소매걷기.(아침에 내리는 비와 여자의 큰소리는 무섭지 않다는 뜻)
<ruby>悪女房<rt>わるにょぼう</rt></ruby>は<ruby>一生<rt>いっしょう</rt></ruby>の<ruby>不作<rt>ふさく</rt></ruby>。	악처를 얻으면 평생 흉년을 맞는 것이나 같다.
<ruby>女房<rt>にょうぼう</rt></ruby>と<ruby>畳<rt>たたみ</rt></ruby>は<ruby>新<rt>あたら</rt></ruby>しいほど<ruby>良<rt>よ</rt></ruby>い。	마누라와 다다미는 새것일수록 좋다.
<ruby>酒<rt>さけ</rt></ruby>と<ruby>友人<rt>ゆうじん</rt></ruby>は<ruby>古<rt>ふる</rt></ruby>いほど<ruby>良<rt>よ</rt></ruby>い。	술과 친구는 오래될수록 좋다.
<ruby>男<rt>おとこ</rt></ruby>は<ruby>度胸<rt>どきょう</rt></ruby><ruby>女<rt>おんな</rt></ruby>は<ruby>愛嬌<rt>あいきょう</rt></ruby>。	남자는 배짱, 여자는 애교.

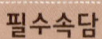 필수속담

目<ruby>め</ruby>は口<ruby>くち</ruby>ほどにものを言<ruby>い</ruby>う。	눈은 입만큼 말한다.('눈은 마음의 창'이라는 의미)
夜目遠目傘の内<ruby>よめとおめかさのうち</ruby>。	밤에 볼 때, 멀리서 볼 때, 우산 속에 있을 때, 흐릿하게 보일 때(모든 여자들이 미혼으로 보인다는 얘기)
鬼も十八番茶出花<ruby>おにもじゅうはちばんちゃでばな</ruby>。	여성이 18세가 되며 아무리 못생긴 여자라도 꽃이 된 것 처럼 아름답게 느껴진다.
色男金と力はなかりけり。	여자에게 인기 있는 남자는 돈도 힘도 없다.(보기에는 좋은 그림이지만 실속이 없다는 의미)
色男より稼ぎ男。	예쁜 남자 보다 돈 잘 버는 남자.
色の白いは七難隠す。	피부가 희면 7가지 흉이 가려진다.
なくて七癖あって四十九癖。	없는 사람도 7가지 버릇, 있는 사람은 49개의 버릇.(누구나 결점이 있다는 뜻)
八百屋の売れ残りのかぼちゃ。	야채가게의 팔다 남은 호박.(못나서 시집을 못간 아가씨를 이르는 말)
触らぬ神にたたりなし。	건드리지 않으면 탈이 나지 않는다. ('긁어 부스럼을 만들지 말라'는 의미)
猿も木から落ちる。	원숭이도 나무에서 떨어진다.
去る者日日に疎し。	떠난 사람은 날이 갈수록 멀어진다.
親しき仲にも礼儀あり。	친한 사이에도 예의가 있다.
知らぬが仏。	모르는 것이 부처님.(모르는 것이 약)
腐っても鯛。	썩어도 도미.(이름이 있는 사람은 잘못된 경우도 다르다는 뜻)
蝦で鯛を釣る。	새우미끼로 도미를 낚는다.(적은 것(선물, 뇌물)으로 많은 이익을 얻는다는 뜻)

鯛{たい}も一人{ひとり}で食{た}べればうまくなし。	도미도 혼자 먹으면 맛이 없다.(아무리 좋은 것도 혼자서 하는 것은 재미가 없다.)
早起{はやおき}は三文{さんもん}の徳{とく}。	아침 일찍 일어나는 거지 따뜻한 밥 먹는다.
こんな仕事{しごと}は朝飯前だ。	이까짓 것은 아침 식사 전에 해치운다. (식은죽 먹기)
豆腐{とうふ}の角{かど}で頭{あたま}をぶつけて死{し}ぬ。	두부모서리에 머리를 부딪쳐 죽어라. (두부모서리에 머리를 맞아도 죽을 사람이라는 의미)
豆腐{とうふ}を縄{なわ}で縛{しば}って肩{かた}にかけてゆく。	두부를 새끼줄로 묶어 어깨에 지고 가다. (아주 바보스런 일을 한다.)
豆腐{とうふ}にかすがい。	두부에 꺽쇠 박기 (아무 효과 없는 일을 한다)
雨降{あめふ}って地固{じかた}まる。	비 온 뒤에 땅이 굳는다.
石橋{いしばし}を叩{たた}いて渡{わた}る。	돌다리도 두들기고 건넌다.
急{いそ}がば回{まわ}れ。	급할수록 돌아가라.
一寸{いっすん}の虫{むし}にも五分{ごぶ}の魂{たましい}。	지렁이도 밟으면 꿈틀 거린다.
牛{うし}に引{ひ}かれて善光寺参{ぜんこうじまい}り。	친구 따라 강남 간다.
飼{か}い犬{いぬ}に手{て}を噛{か}まれる。	믿는 도끼에 발등 찍힌다.
三人寄{さんにんよ}れば文殊{もんじゅ}の知恵{ちえ}。	백지장도 맞들면 낫다.
精神一到何事{せいしんいっとうなにごと}もならざらん。	정신일도 하사불성.
天{てん}は自{みずか}ら助{たす}くる者{もの}を助{たす}く。	하늘은 스스로 돕는 자를 돕는다.
覆水{ふくすい}、盆{ぼん}に返{かえ}らず。	한 번 엎지른 물 되담을 수 없다.
待{ま}てば海路{かいろ}の日和有{ひよりあ}リ。	쥐구멍에도 볕 들 날 있다.

"　井戸を掘るなら水の出るまで。
우물을 판다면 물이 나올 때까지."

필수 단어
*는 N5 표기

あ・カ
あいさつする 181
あいだ(間) 126
あう(合う) 181
*あう(会う) 66
*あおい(青い) 83
*あかい(赤い) 83
あかちゃん(赤ちゃん) 126
あがる(上がる) 181
*あかるい(明るい) 83
あき(秋) 126
あく(開く) 181
*アクセル 93
あげる 182
あける(開ける) 181
あげる(上げる) 181
*あさ(朝) 8
*あさごはん(朝御飯) 8
*あさって 8
あさねぼう(朝寝坊) 126
*あさひ(朝日) 8
あじ(味) 126
*あじ(味) 8
あし(足) 126
*あし(足) 8
*あした(明日) 9
あす(明日) 127
*あそこ 9
あそび(遊び) 127
*あそぶ(遊ぶ) 66
*あたたかい(暖かい) 83
*あたま(頭) 9
*あたらしい(新しい) 83
*あちら 9
あつい(暑い) 212
あつい(厚い) 212
あつまる(集まる) 182
あつめる(集める) 182
あと(後) 127
*あなた 9
*あに(兄) 9

*あね(姉) 9
*あの 103
*アパート 93
*あびる(浴びる) 66
あぶない(危ない) 83
*あまい(甘い) 84
*あめ(雨) 10
あやまる(謝る) 182
*あらう(洗う) 66
ある 66
*あるく(歩く) 66
アルバイト 224
あんしんだ(安心だ) 208
*あんぜんだ(安全だ) 78
あんな 208
あんない(案?) 127

い・イ
*いい 84
*いう(言う) 67
*いえ(家) 10
いか(以下) 127
いがい(以外) 127
いかが(如何) 217
いがく(医学) 127
いきる(生きる) 182
*いく(行く) 67
*いくつ 10
いくら 128
いくらでも 231
*いけ(池) 10
いけん(意見) 128
いし(石) 128
いじめる(苛める・虐める) 182
*いしゃ(医者) 10
いじょう(以上) 128
*いす(椅子) 10
*いそがしい(忙しい) 84
いそぐ(急ぐ) 182
*いたい(痛い) 84
いたす(致す) 183
いただきます 228
*いただく(頂く) 183
いち(一) 128

いちど(一度) 128
*いちにち(一日) 10
*いちばん(一番) 11
*いつ 11
*いつか(五日) 11
いっきに(一気に) 217
*いっしょ(一緒) 11
*いつつ(五つ) 11
いっていらっしゃい 228
いってまいります 228
いと(糸) 128
いない(以内) 129
いなか(田舎) 129
いのる(祈る) 183
いま(今) 217
いまや(今や) 217
*いみ(意味) 11
*いもうと(妹) 11
*いやだ(嫌だ) 78
*いらっしゃいませ 101
いらっしゃる 183
*いりぐち(入り口) 12
いる(居る) 183
いる(要る) 183
*いれる(入れる) 67
*いろ(色) 12
*いろいろだ(色色だ) 78

う・ウ
*うえ(上) 12
うえる(植える) 183
うがい 129
うかがう(伺う) 184
うけつけ(受付) 129
うける(受ける) 184
*うごく(動く) 67
*うしろ(後ろ) 12
*うすい(薄い) 84
うそ(嘘) 129
*うた(歌) 12
*うたう(歌う) 67
うち(家) 129
うつ(打つ) 184
*うつくしい(美しい) 84

うつす(写す) 184
うつる(移る) 184
うで(腕) 129
うまい 212
うまれる(生まれる) 67
*うみ(海) 12
うら(裏) 130
うり(売り) 12
うりば(売り場) 130
*うる(売る) 67
うるさい(煩い) 212
うれしい(嬉しい) 212
*うわぎ(上着) 13
うん(運) 130
うんてん(運転) 130
うんてんしゅ(運転手) 130
*うんてんしゅ(運転手) 13
うんどう(運動) 130

え・エ
え(絵) 130
*えいが(映画) 13
*えいがかん(映画館) 13
*えいご(英語) 13
*えいこく(英国) 13
えき(駅) 131
エスカレーター 224
*エスカレーター 93
えだ(枝) 131
えらぶ(選ぶ) 184
エレベーター 224
えん(円) 131
*えんだか(円高) 13
*えんぴつ(鉛筆) 14
えんりょ(遠慮) 131

お・オ
お(尾) 131
お/ご~ください 233
お~する 233
お~になる 233
*おいしい(美味しい) 84
おいでになる 184

おいでになる 230	おっと(夫) 133	おる 187	かぜ(風) 136
おいわい(お祝い) 131	おつり(お釣り) 133	おる(折る) 187	*かぜ(風) 20
*おうしゅう(欧州) 14	*おてあらい(お手洗い) 16	おれい(お礼) 134	かぜ(風邪) 136
おうせつま(応接間) 131	おと(音) 133	おれる(折れる) 187	*カセット 93
おおい(多い) 212	*おとうさん(お父さん) 16	おわり(終わり) 134	*かぞく(家族) 20
*おおがた(大型) 14	おとうと(弟) 16	おわる(終わる) 69	ガソリン 224
*おおきい(大きい) 85	*おとこ(男) 16	おんがく(音楽) 18	ガソリンスタンド 225
おおきさ(大きさ) 14	*おとこのこ(男の子) 16	おんな(女) 18	かた・ほう(方) 20
おおく(多く) 90	おとす(落とす) 186	おんなのこ(女の子) 18	かたい(固い) 213
*おおぜい(大勢) 14	*おとい 16		*かたかな(片仮名) 20
*おかあさん(お母さん) 14	おととし 17	**か・カ**	かたち(形) 136
おかげ(お陰) 132	*おとな(大人) 17	か(家) 134	かたづける(片付ける) 188
おかげさまで 228	オートバイ 224	かい(階) 134	*かちょう(課長) 20
*おかし(お菓子) 14	おどり(踊り) 133	かい(回) 135	かつ(勝つ) 188
おかしい(可笑しい) 213	おどる(踊る) 186	かいがん(海岸) 135	がつ(月) 136
おかね(お金) 15	おどろく(驚く) 186	かいぎ(会議) 135	*がっこう(学校) 20
おかねもち(お金持ち) 132	おなか(お腹) 17	*がいこく(外国) 18	カーテン 225
おかわり(お代わり) 132	おなじく(同じく) 217	*がいこくじん(外国人) 18	*かど(角) 21
おき(沖) 132	*おなじだ(同じだ) 78	*かいしゃ(会社) 18	*かない(家内) 21
*おきる(起きる) 68	*おにいさん(お兄さん) 17	かいじょう(会場) 135	かなしい(悲しい) 213
おく(億) 15	*おねえさん(お姉さん) 17	*かいだん(階段) 19	かならず(必ず) 217
おく(置く) 185	おねがいします 101	かいもの(買物) 19	かねもち(金持ち) 137
*おくさん(奥さん) 15	オーバー 224	かいわ(会話) 135	*かのうだ(可能だ) 78
おくじょう(屋上) 132	おば(伯母) 17	かう(買う) 187	かのじょ(彼女) 137
おくりもの(贈り物) 132	*おばあさん(お祖母さん) 17	*かえす(返す) 69	*カバー 93
おくる(送る) 68	おはようございます 101	かえり(帰り) 135	*かばん 21
おくれる(遅れる) 185	*おべんとう(お弁当) 18	*かえる(帰る) 69	*かびん(花瓶) 21
おこす(起こす) 185	*おぼえる(覚える) 68	かえる(変える) 187	*かぶる(被る) 69
おこなう(行う) 185	おまたせしました 228	*かお(顔) 19	かべ(壁) 137
おこる(怒る) 185	おまつり(お祭り) 133	かがく(科学) 135	かまう 137
*おこる・いかる(怒る) 68	おみまい(お見舞い) 133	かがみ(鏡) 136	かみ(紙) 137
おさけ(お酒) 15	おみやげ(お土産) 134	*かかる(掛かる) 69	かむ(噛む) 188
おじ(伯父) 15	おめでとう 229	*かぎ(鍵) 19	カメラ 93
*おじいさん(お爺さん) 15	*おもい(重い) 85	かく(書く) 187	かよう(通う) 188
おしいれ(押し入れ) 15	おもいだす(思い出す) 186	*がくえん(学園) 19	*かようび(火曜日) 21
*おしえる(教える) 68	おもう(思う) 186	*がくせい(学生) 19	*からい(辛い) 85
おじょうさん(お嬢さん) 132	*おもしろい(面白い) 85	がくぶ(学部) 136	ガラス 225
おす(押す) 185	おもちゃ(玩具) 134	*かげつ(ヶ月) 19	からだ(体) 137
*おそい(遅い) 85	おもて(表) 134	*かける(翔る) 69	かりに(仮に) 218
おだいじに(お大事に) 228	*おもに(主に) 90	*かかる(掛かる) 69	*かりる(借りる) 70
おたく(お宅) 133	おや 231	*かさ(傘) 20	*かるい(軽い) 85
*おちゃ(お茶) 16	おやすみなさい 101	かざる(飾る) 187	かれ(彼) 137
おちる(落ちる) 185	*およぐ(泳ぐ) 68	かじ(火事) 136	かれら(彼等) 137
おっしゃる 230	*おりる(降りる) 68	かしこまりました 229	*カレンダー 94
おっしゃる(仰る) 186	おりる(下りる) 186	*かす(貸す) 69	かわ(川) 138

かわ (側) 138
*かわいい (可愛い) 85
かわく (乾く) 188
かわる (変わる) 188
*かんがえ (考え) 21
*かんがえかた (考え方) 21
かんがえる (考える) 189
かんけい (関係) 138
*かんこく (韓国) 22
かんごふ (看護婦) 22
*かんじ (漢字) 22
かんたんだ (簡単だ) 208
がんばる (頑張る) 189

き・キ

き (気) 138
き (木) 138
*きいろい (黄色い) 86
*きえる (消える) 70
きかい (機械) 138
きかい (機会) 139
きく (聞く) 189
きこえる (聞こえる) 189
きしゃ (汽車) 139
ぎじゅつ (技術) 139
きせつ (季節) 139
きそく (規則) 139
ギター 225
きた (北) 139
*きたない (汚い) 86
*きっさてん (喫茶店) 139
*きって (切手) 22
きっと 218
*きっぷ (切符) 22
きぬ (絹) 140
きびしい (厳しい) 213
きぶん (気分) 140
きまる (決まる) 189
きみ (君) 140
きめる (決める) 189
きもち (気持ち) 140
きもの (着物) 140
きゅうこう (急行) 140
*きゅうじつ (休日) 22

*きゅうだ (急だ) 78
*ぎゅうにく (牛肉) 22
*ぎゅうにゅう (牛乳) 22
きょう (今日) 140
きょういく (教育) 141
きょうかい (教会) 141
*きょうしつ (教室) 23
きょうそう (競争) 141
きょうだい (兄弟) 141
きょうみ (興味) 141
*きょねん (去年) 23
*きらいだ (嫌いだ) 79
*きる (切る) 70
きる (着る) 189
きれいだ (奇麗だ) 208
*キロ 94
*きん (金) 23
*ぎんこう (銀行) 23
きんじょ (近所) 141
*きんようび (金曜日) 23

く・ク

ぐあい (具合) 141
くうき (空気) 142
くうこう (空港) 142
くさ (草) 142
*くすり (薬) 23
*ぐたいてきだ (具体的だ) 79
*ください 101
くださる (下さる) 190
*くだもの (果物) 23
*くち (口) 24
*くつ (靴) 24
*くつした (靴下) 24
*くに (国) 24
くび (首) 142
くも (雲) 142
*くもる (曇る) 70
くらい (暗い) 213
*クラス 94
くらべる (比べる) 190
*グラム 94
*くる (来る) 70
*くるま (車) 24

くれる 190
くれる (暮れる) 190
*くろい (黒い) 86
*くん (君) 142

け・ケ

け (毛) 142
けいかく (計画) 143
けいかん (警官) 143
けいけん (経験) 143
けいざい (経済) 143
けいさつ (警察) 190
けが (怪我) 143
*けさ (今朝) 24
けしき (景色) 143
げしゅく (下宿) 143
*けす (消す) 70
*けっこうだ (結構だ) 79
*けっこん (結婚) 24
けっして (決して) 218
*げつようび (月曜日) 25
けれど 231
けん (軒) 144
*けん (県) 25
*げん (現) 25
げんいん (原因) 144
けんか (喧嘩) 144
*げんかん (玄関) 25
*げんき (元気) 25
けんきゅう (研究) 144
けんぶつ (見物) 144

こ・コ

ご (御) 144
ご (語) 144
ご (五) 145
こ (子) 145
こう (請う) 190
*こうえん (公園) 25
こうがい (郊外) 145
こうぎ (講義) 145
こうぎょう (工業) 145
こうこう (高校) 145

*こうこうせい (高校生) 26
こうじょう (工場) 145
こうちょう (校長) 146
*こうちょう (校長) 26
こうつう (交通) 146
こうどう (講堂) 146
*こうばん (交番) 26
*こうはん (後半) 26
こうむいん (公務員) 146
*こうむいん (公務員) 26
*こえ (声) 26
こくさい (国際) 146
*こくさいか (国際化) 26
*こくさいてき (国際的) 27
*こくじん (黒人) 27
*こくない (国内) 27
*ここ 27
*ごご (午後) 27
*ここのか (九日) 27
*ここのつ (九つ) 27
こころ (心) 146
ございます 230
こしょう (故障) 146
*ごぞんじ (ご存じ) 147
こたえ (答え) 147
こたえる (答える) 190
*ごちそう (ご馳走) 147
*ごちそうさまでした 101
*こちら 28
こっち 147
*コップ 94
*コート 94
こと (事) 147
*ことし (今年) 28
ことば (言葉) 28
*こども (子供) 28
ことり (小鳥) 147
*この 28
このあいだ (この間) 147
このごろ (この頃) 148
*ごはん (ご飯) 28
*コーヒ 94
こまかい (細かい) 213
*こまる (困る) 70

ごみ(塵) 148
こめ(米) 148
*ごめんください 102
*ごめんなさい 102
ごらんになる 230
*これ 29
*ころ 29
こわい(怖い) 213
こわす(壊す) 191
こわれる(壊れる) 191
*こんげつ(今月) 29
コンサート 225
*こんしゅう(今週) 29
こんど(今度) 148
*こんな 79
こんにちは 229
*こんばん(今晩) 29
*こんばんは 102
こんや(今夜) 148

さ・サ

さい(歳) 148
さいきん(最近) 148
さいご(最後) 149
さいしょ(最初) 149
さいふ(財布) 149
さか(坂) 149
さがす(探す) 191
*さかな・うお(魚) 29
さがる(下がる) 191
さかんだ(盛んだ) 208
*さき・せん(先) 29
さく(咲く) 191
*さくねん(昨年) 30
*さくぶん(作文) 30
*さけ・しゅ(酒) 30
さげる(下げる) 191
さしあげる(差し上げる) 191
さつ(冊) 149
さっき(先) 218
*ざっし(?誌) 30
*さとう(砂糖) 30
さびしい(寂しい) 214
さま(様) 149

*さむい(寒い) 86
*さよなら 102
*さら(お皿) 30
さわぐ(騒ぐ) 192
さわる(触る) 192
さん 150
さん(三) 149
さんぎょう(産業) 150
サンダル 225
サンドイッチ 225
*さんぽ(散歩) 30

し・シ

*じ(時) 31
じ(字) 150
*じ(字) 31
しあい(試合) 150
*しお(塩) 31
*しかし 90
しかた(仕方) 150
しかる(叱る) 192
*じかん(時間) 31
しき(式) 150
しけん(試験) 150
じこ(事故) 151
*しごと(仕事) 31
*じしょ(辞書) 31
じしん(地震) 151
*しずかだ(静かだ) 79
*しぜん(自然) 151
した(下) 151
じだい(時代) 151
しだいに(次第に) 218
したぎ(下着) 151
したく(支度) 151
*しち(七) 32
しっかり(確り) 218
しっぱい(失敗) 151
*しつもん(質問) 32
*しつれい(失礼) 32
*しつれいしました 102
しつれいだ(失礼だ) 208
じてん(辞典) 152
*じてんしゃ(自転車) 32

*じどうしゃ(自動車) 32
*しない(市内) 32
しなもの(品物) 152
*しぬ(死ぬ) 71
しばらく(暫く) 218
*じびき(字引) 32
*じぶん(自分) 33
しま(島) 152
しまう 192
*しまる(閉まる) 71
しみん(市民) 152
*じむしょ(事務所) 33
じむしょ(事務所) 152
*しめい(指名) 33
しめる(締める) 192
しめる(閉める) 192
*じゃあ(=じゃ) 103
*しゃいん(社員) 33
*しゃかい(社会) 152
*しゃしん(写真) 33
しゃちょう(社長) 152
*しゃちょう(社長) 33
シャツ 95
じゃまだ(邪魔だ) 209
ジャム 226
*じゅう(十) 33
*じゆう(自由) 34
*しゅうかん(習慣) 34
しゅうかん(週間) 153
じゅうしょ(住所) 153
*じゅうどう(柔道) 34
じゅうぶんだ(十分だ) 209
*じゅうぶんだ(充分・十分だ) 79
*じゅぎょう(授業) 34
*しゅくだい(宿題) 34
*しゅじん(主人) 34
しゅっせき(出席) 153
しゅっぱつ(出発) 153
*しゅとけん(首都圏) 35
しゅみ(趣味) 153
じゅんび(準備) 153
*じゅんび(準備) 35
しょうかい(紹介) 153
しょうがつ(正月) 154
しょうがっこう(小学校) 154

*しょうじょ(少女) 35
*じょうずだ(上手だ) 79
しょうせつ(小説) 154
しょうたい(招待) 154
しょうち(承知) 154
しょうちする(承知する) 192
*しょうひしゃ(消費者) 35
*しょうひぜい(消費税) 35
*じょうぶだ(丈夫だ) 80
しょうゆ(醤油) 35
*じょうようしゃ(乗用車) 35
しょうらい(将来) 154
しょくじ(食事) 154
しょくどう(食堂) 36
*じょし(女子) 36
じょせい(女性) 155
しらせる(知らせる) 193
しらべる(調べる) 193
*しる(知る) 71
*しろい(白い) 86
*じん(人) 36
じんこう(人口) 155
じんじゃ(神社) 155
しんせつだ(親切だ) 209
しんぱい(心配) 155
しんぱいだ(心配だ) 209
しんぶん(新聞) 36
すいえい(水泳) 155
すいどう(水道) 155
すいようび(水曜日) 155
すう(吸う) 71
*すうがく(数学) 36
スカート 95

す・ス

*すきだ(好きだ) 80
すぎる(過ぎる) 193
すく(空く) 193
すぐ(直ぐ) 219
すくない(少ない) 214
すごい(凄い) 214
*すこし(少し) 90
*すずしい(涼しい) 86
すすむ(進む) 193

すっかり 219
ス-ツケ-ス 226
ずっと 219
すてる(捨てる) 193
ステレオ 226
*スト-ブ 95
すな(砂) 156
すばらしい 214
スプ-ン 95
すべる(統べる) 193
スポ-ツ 95
ズボン 95
すみ(隅) 156
*すみません 102
すむ(済む) 194
すむ(住む) 194
すり(掏摸) 156
*スリッパ 95
する 194
すると 231
すわる(座る) 71

せ・セ

せい(背) 156
せいかつ(生活) 156
せいじ(政治) 156
*せいと(生徒) 36
せいよう(西洋) 156
せかい(世界) 157
せき(席) 157
*セ-タ- 96
せっけん 157
せつめい(説明) 157
せなか(背中) 157
ぜひ(是非) 157
*せびろ(背広) 36
*せまい(狭い) 86
*ゼリ- 96
せわ(世話) 157
せん(線) 158
*せんげつ(先月) 37
*せんご(戦後) 37
*ぜんじつ(前日) 37
*せんしゅう(先週) 37

*せんせい(先生) 37
ぜんぜん(全然) 219
せんそう(戦争) 158
せんたく(洗濯) 158
せんぱい(先輩) 158
*ぜんぶ(全部) 37
*ぜんめん(全面) 37
せんもん(専門) 158
*せんもんか(専門家) 37

そ・ソ

*ぞうか(増加) 38
*そうじ(掃除) 38
そうだん(相談) 158
そこ 158
*そそぐ・つぐ(注ぐ) 71
そだてる(育てる) 194
*そちら 38
そつぎょう(卒業) 159
*そと(外) 38
その 159
そふ(祖父) 159
そぼ(祖母) 159
*そら(空) 38
*それ 38
*それから 103
それで 231
*それでは 103
それに 231
それはいけません 229
それほど 219
そろそろ 219

た・タ

だい(代) 159
だい(台) 159
たいいく(体育) 159
たいいん(退院) 160
*だいがく(大学) 38
だいがくせい(大学生) 160
*だいがくせい(大学生) 39
*たいしかん(大使館) 39
だいじだ(大事だ) 209

*だいじょうぶだ(大丈夫だ) 80
*だいすきだ(大好きだ) 80
*たいせつだ(大切だ) 80
*たいてい(大抵) 90
*だいどころ(台所) 39
タイプ 226
タイプ 96
だいぶ(大分) 219
たいふう(台風) 160
たいへん(大変) 160
*たいへんだ(大変だ) 80
たおれる(倒れる) 194
だから 231
*だく・いだく(抱く) 71
*たくさんだ(沢山だ) 80
*タクシ- 96
たしかだ(確かだ) 209
たす(足す) 194
だす(出す) 194
たすける(助ける) 195
たずねる(尋ねる) 195
ただいま 229
ただしい(正しい) 214
*たつ(立つ) 72
*だて(建て) 39
*たてもの(建物) 39
たてる(建てる) 195
たてる(立てる) 195
たとえば(例えば) 220
たな(棚) 160
*たのしい(楽しい) 87
たのしみ(楽しみ) 160
たのしむ(楽しむ) 195
*たのむ(頼む) 72
*たべもの(食べ物) 39
*たべる(食べる) 72
*たまご(卵) 39
たまに(偶に) 220
だめだ(駄目だ) 209
たりる(足りる) 195
*だれ(誰) 40
*たんじょうび(誕生日) 40
だんせい(男性) 160
だんだん 90
だんぼう(暖房) 161

ち・チ

ち(血) 161
*ち(血) 40
*ちいさい(小さい) 87
ちかい(近い) 87
*ちがう(違う) 72
ちかく(近く) 161
*ちかてつ(地下鉄) 40
ちから(力) 161
*ちじょう(地上) 40
*ちず(地図) 40
ちち(父) 161
ちっとも 220
*ちほう(地方) 40
*ちゃいろ(茶色) 41
*ちゃわん(茶碗) 41
ちゅう(中) 161
ちゅうい(注意) 161
*ちゅうがくせい(中学生) 41
*ちゅうがっこう(中学校) 41
ちゅうがっこう(中学校) 162
*ちゅうごく(中国) 41
ちゅうし(中止) 162
ちゅうしゃ(注射) 162
ちゅうしゃじょう(駐車場) 162
*ちゅうしゃじょう(駐車場) 41
ちょうど(丁度) 220
*ちょっと 91
ちり(地理) 162

つ・ツ

*ついたち(一日) 41
*つかう(使う) 72
つかまえる(捕まえる) 195
つかれる(疲れる) 72
*つき(〜月) 162
つき(月) 162
つぎ(次) 163
*つぎ・じ(次) 42
つく(着く) 196
*つくえ(机) 42
*つくる(作る) 73
つける 72
つける(付ける) 196

つける(漬ける) 196
つごう(都合) 163
つたえる(伝える) 196
つづく(続く) 196
つづける(続ける) 196
つつむ(包む) 196
*つとめる(勤める) 73
*つねに(常に) 91
つま(妻) 163
*つま・さい(妻) 42
*つめたい(冷たい) 87
つもり(積もり) 163
*つよい(強い) 87
つる(釣る) 197
つれる(連れる) 197

て・テ

*て・しゅ(手) 42
ていねいだ(丁寧だ) 210
*でかける(出掛ける) 73
*てがみ(手紙) 42
テキスト 226
てきとうだ(適当だ) 210
*できる(出来る) 73
できるだけ 232
*でぐち(出口) 42
*テスト 96
てつだう(手伝う) 197
テニスコート 226
*デパート 96
*テープ 96
てぶくろ(手袋) 163
*テーブル 97
*でも 103
てら(寺) 163
*でる(出る) 73
*テレビ 97
てん(点) 163
てんいん(店員) 164
*でんき(電気) 42
*てんき(天気) 43
てんきよほう(天気予報) 164
*でんしゃ(電車) 43
でんとう(電灯) 164

でんぽう(電報) 164
てんらんかい(展覧会) 164
*でんわ(電話) 43

と・ト

ど(度) 43
と(戸) 164
*ドア 97
*トイレ 97
どう 220
どういたしまして 229
*どうぐ(道具) 164
*どうして 91
*どうぞ 91
*どうぞよろしく 102
とうとう 220
*どうぶつ(動物) 43
どうぶつえん(動物園) 165
*とうほく(東北) 43
*どうも 91
どうもありがとう
ございます 103
*とお(十) 43
*とおい(遠い) 87
とおか(十日) 44
とおく(遠く) 165
とおり(通り) 165
*とおり・どおり(通り) 44
*とおる(通る) 197
とき(時) 165
*ときどき(時々) 91
ときに(時に) 220
*とくに(特に) 221
*とくべつだ(特別だ) 81
とくべつだ(特別だ) 210
*とけい(時計) 44
*どこ 44
とこや(床屋) 165
*ところ(所) 44
とし(年) 165
*としょかん(図書館) 44
とちゅう(途中) 165
*どちら 44
とっきゅう(特急) 166

どっち 166
*とても 91
とどける(届ける) 197
*どなた 45
*となり(隣) 45
*どの 45
とぶ(飛ぶ) 197
*とまる(止まる) 73
*とめる(泊める) 197
*ともだち(友達) 45
*どようび(土曜日) 45
*とり(鳥) 45
とりかえる(取り替える) 198
とりにく(鳥肉) 45
*とる(撮る) 73
とる(取る) 198
*どれ 46
どろぼう(泥棒) 166
*どんな 81

な・ナ

*な・めい(名) 46
*ない(無い) 87
*ナイフ 97
なおす(直す) 198
なおる(直る) 198
なおる(治る) 198
*なか(中) 46
ながい(長い) 214
なかなか(中中) 221
*なかま(仲間) 46
ながら 232
*なく(鳴く) 74
なく(泣く) 198
なくす(無くす) 198
なくなる(亡くなる) 199
なくなる(無くなる) 199
なげる(投げる) 199
なさる 199
なぜ(何故) 221
*なぜ・なにゆえ 92
*なつ(夏) 46
*なつやすみ(夏休み) 46
*など(等) 46

*ななつ(七つ) 47
*なに(何) 47
*なのか(七日) 47
*なまえ(名前) 47
ならう(習う) 199
*ならぶ(並ぶ) 74
*ならべる(並べる) 74
なる(鳴る) 199
なる(生る) 199
なるべく(成るべく) 221
なるほど 221
なれる(慣れる) 200
*なんど(何度) 47

に・ニ

*に(二) 47
におい(匂い) 166
にがい(苦い) 214
*にぎやかだ(賑やかだ) 81
*にく(肉) 47
にくい(憎い) 215
にげる(逃げる) 200
*にし(西) 48
*にちよう(日曜) 48
にっき(日記) 166
*にほんご(日本語) 48
*にほんじん(日本人) 48
*にもつ(荷物) 48
にゅういん(入院) 166
にゅうがく(入学) 166
*ニュース 97
*にる(似る) 200
*にわ(庭) 48
にんぎょう(人形) 167

ぬ・ヌ

*ぬぐ(脱ぐ) 74
ぬすむ(盗む) 200
ぬる(塗る) 200
ぬるい(温い) 215
ぬれる(濡れる) 200

293

ね・ネ
*ネクタイ 97
ねだん(値段) 167
ねつ(熱) 167
ねっしんだ(熱心だ) 210
ねむい(眠い) 215
ねむる(眠る) 200
ねる(寝る) 201
*ねん(年) 49
*ねんきん(年金) 49
*ねんまつ(年末) 49

の・ノ
のこる(残る) 201
*ノート 98
のど(喉) 167
のぼる(登る) 201
のぼる(上る) 201
*のみもの(飲み物) 49
*のむ(飲む) 74
のりかえる(乗り換える) 201
のりもの(乗り物) 167
*のる(乗る) 74

は・ハ
*は(葉) 49
は(歯) 167
ばあい(場合) 167
はい(杯) 168
ばい(倍) 168
はいけん(拝見) 168
はいけんする 230
*はいざら(灰皿) 49
*はいしゃ(歯医者) 168
*はいる(入る) 74
*はがき(葉書) 49
ばかり(許り) 232
*はこ(箱) 50
はこぶ(運ぶ) 201
*はし 50
*はし(橋) 50
はし(端) 168
*はじまる(始まる) 75

*はじめ(始め) 50
*はじめて(初めて) 92
*はじめまして 103
はじめる(始める) 201
*ばしょ(場所) 168
*はしら(柱) 50
*はしる(走る) 75
*バス 98
はずかしい(恥かしい) 215
*バター 98
*はたらく(働く) 75
*はち(八) 50
はつおん(発音) 168
*はつか(二十日) 50
はっきり 221
*パーティー 98
はな(鼻) 169
*はな(花) 51
*はなし(話) 51
*はなす(話す) 75
はなみ(花見) 169
*はは(母) 51
*はやい(早い) 88
はやい(早い) 215
はやくも(早くも) 221
*はやし(林) 169
はらう(払う) 202
はる 202
はる(春) 169
*はれる(晴れる) 75
*パン 98
ばん(～番) 169
ばん(晩) 169
はん(半) 169
*ハンカチ 98
ばんぐみ(番組) 170
*ばんごう(番号) 51
*ばんごはん(晩御飯) 51
*はんたい(反対) 51
*はんとし(半年) 51
*はんぶん(半分) 52

ひ・ヒ
ひ(日) 170

ひ(火) 170
ひえる(冷える) 202
*ひがし(東) 52
ひがし(東) 170
ひかり(光) 170
ひかる(光る) 202
ひきだし(引き出し) 170
*ひく(引く) 75
*ひくい(低い) 88
ひげ(鬚) 170
*ひこうき(飛行機) 52
ひこうじょう(飛行場) 171
ひさしぶり(久しぶり) 171
ひさしぶり(久し振り) 210
*びじゅつかん(美術館) 52
びじゅつかん(美術館) 171
*ひじょうに(非常に) 222
*ひだり(左) 52
びっくりする 202
ひっこす(引っ越す) 202
ひつようだ(必要だ) 210
*ひと・にん・じん(人) 52
ひどい(酷い) 215
*ひとつ(一つ) 53
*ひとつき(一月) 53
*ひとびと(人々) 53
*ひとり(一人) 171
*ひま(暇) 53
*ひまだ(暇だ) 81
*ひゃく(百) 53
*ひゃっかてん(百貨店) 53
*びょういん(病院) 53
*びょうき(病気) 54
ひらく(開く) 202
ビル 226
*ひる(昼) 54
*ひるごはん 54
ひるま(昼間) 171
ひるやすみ(昼休み) 171
*ひろい(広い) 88
ひろう(拾う) 203

ふ・フ
*フィルム 98

*ふうとう(封筒) 54
ふえる(増える) 203
*フォーク 99
ふかい(深い) 215
ふく(服) 171
ふく(吹く) 203
ふくざつだ(複雑だ) 210
ふくしゅう(復習) 172
*ふたつ(二つ) 54
*ぶたにく(豚肉) 54
*ふたり(二人) 54
*ぶちょう(部長) 55
ふつう(普通) 172
ふつうだ(普通だ) 211
*ふとい(太い) 88
ふとる(太る) 203
ふとん(布団) 172
ふね(舟) 172
ふべんだ(不便だ) 211
*ふぼ・ちちはは(父母) 55
ふむ(踏む) 203
*ふゆ(冬) 55
*プール 99
ふる(降る) 203
ふるい(古い) 88
プレゼント 227
*ふろ(風呂) 55
*ぶんか(文化) 55
*ぶんがく(文学) 172
ぶんぽう(文法) 172

へ・ヘ
*べいこく(米国) 55
*ページ 99
*へただ(下手だ) 81
*ベッド 99
べつに(別に) 222
*へや(部屋) 56
ベル 227
*ペン 99
へん(辺) 172
*べんきょう(勉強) 56
*べんごし(弁護士) 56
へんじ(返事) 173

*へんだ(変だ) 81
*べんりだ(便利だ) 81

ほ・ホ
 ぼうえき(貿易) 173
*ぼうし(帽子) 56
 ほうそう(放送) 173
 ほうりつ(法律) 173
 ほか(外) 173
 ぼく(僕) 173
*ぼく(僕) 56
*ポケット 99
 ほし(星) 173
*ほしい(欲しい) 88
*ほそい(細い) 88
 ボタン 227
*ほっかいどう(北海道) 56
*ホテル 99
 ほど(程) 232
 ほとんど(殆ど) 174
 ほね?こつ(骨) 56
 ほめる(褒める) 203
*ボール 100
*ボールペン 100
*ほん(本) 57
*ほんかくてきだ(本格的だ) 82
*ほんしゃ(本社) 57
*ほんだな(本棚) 57
*ほんとう(本当) 57
 ほんやく(翻訳) 174

ま・マ
*まいしゅう(毎週) 57
*まいつき・まいげつ(毎月) 58
*まいとし・まいねん(毎年) 58
*まいにち(毎日) 58
*まいばん(毎晩) 58
 まいる(参る) 204
*まえ(前) 58
 まける(負ける) 204
 まず(先ず) 222
*まずい(不味い) 89
*マスコミ 100

*まだ 92
*また(又) 92
 または(又は) 232
*まち(町) 58
 まちがう(間違う) 204
 まつ(待つ) 204
*まっすぐだ(真直だ) 211
*マッチ 100
*まど(窓) 58
 まにあう(間に合う) 204
 まま(間間) 222
*まるい(丸い) 89
 まわり(周り) 174
 まわる(回る) 204
*まん(万) 59
 まんいち(万一) 222
 まんが(漫画) 174
 まんなか(真ん中) 174
*まんねんひつ(万年筆) 59

み・ミ
 みえる(見える) 204
*みがく(磨く) 75
*みぎ(右) 59
*みじかい(短い) 89
*みず(水) 59
 みずうみ(湖) 174
*みせ(店) 59
 みせる(見せる) 76
 みそ(味噌) 174
 みち(道) 175
*みっか(三日) 59
 みつかる(見つかる) 205
*みっつ(三つ) 59
 みどり(緑) 175
*みな(皆) 175
 みなさん(皆さん) 60
 みなと(港) 175
*みなみ(南) 60
*みみ(耳) 60
*みやこ(都) 60
 みらい(未来) 60
*みりょく(魅力) 60
 みる(見る) 205

*みる(見る) 76
*みんな(皆) 60

む・ム
*むいか(六日) 61
 むかう(向かう) 205
 むかえる(迎える) 205
 むかし(昔) 175
 むこう(向こう) 175
 むし(虫) 175
*むずかしい(難しい) 89
*むすこ(息子) 176
 むすめ(娘) 176
*むっつ(六つ) 61
 むら(村) 176
 むりだ(無理だ) 211

め・メ
*め(目) 61
 めがね(眼鏡) 61
 めしあがる(召し上がる) 230
 めずらしい(珍しい) 216
 メートル 227

も・モ
*もう 92
 もうしあげる(申し上げる) 230
 もうす(申す) 205
 もうすぐ 222
 もうふ(毛布) 176
*もくようび(木曜日) 61
 もし(若し) 222
 もじどおり(文字通り) 223
*もちろん 92
*もつ(持つ) 76
 もっと 223
 もどる(戻る) 205
 もめん(木綿) 176
 もらう(貰う) 205
*もん(門) 61
*もんだい(問題) 61

や・ヤ
*や(屋・家) 62
*やおや(八百屋) 62
*やきゅう(野球) 62
*やく(焼く) 76
*やくいん(役員) 62
 やくそく(約束) 176
 やくだつ(役立つ) 206
 やける(焼ける) 206
*やさい(野菜) 62
 やさしい(易しい) 216
 やさしい(優しい) 216
*やすい(安い) 89
*やすみ(休み) 62
 やすむ(休む) 76
 やせる(痩せる) 206
*やっつ(八つ) 62
 やはり 223
*やま(山) 63
 やむ(病む) 206
 やめる(辞める) 206
 やめる(止める) 206
 やわらかい(柔らかい) 216

ゆ・ユ
 ゆ(湯) 176
*ゆうがた(夕方) 63
 ゆうはん(夕飯) 177
*ゆうびんきょく(郵便局) 63
 ゆうべ(夕べ) 177
*ゆうめいだ(有名だ) 82
 ゆしゅつ(輸出) 177
 ゆっくり 92
 ゆにゅう(輸入) 177
 ゆび(指) 177
 ゆびわ(指輪) 177
 ゆめ(夢) 177
 ゆれる(揺れる) 206

よ・ヨ
 よう(用) 178
 ようい(用意) 178
 ようじ(用事) 178

*ようふく(洋服) 63
よく(翌) 63
よくいらっしゃいました 229
*よくじつ(翌日) 63
*よこ(横) 63
よしゅう(予習) 178
*よっか(四日) 64
*よっつ(四つ) 64
よてい(予定) 178
*よぶ(呼ぶ) 76
*よむ(読む) 76
よやく(予約) 178
よる(寄る) 207
よる(夜) 178
よろこぶ(喜ぶ) 207
よろしい(宜しい) 216
よわい(弱い) 216

ら・ラ

*らいげつ(来月) 64
*らいしゅう(来週) 64
*らいねん(来年) 64
ラジオ 227

リ・リ

*りっぱだ(立派だ) 82
りゆう(理由) 179
*りゅうがくせい(留学生) 64
*りゅうこう・はやり(流行) 64
りよう(利用) 179
*りょうしん(両親) 65
*りょうほう(両方) 179
*りょうほう(両方) 65
*りょうり(料理) 65
りょかん(旅館) 179
*りょこう(旅行) 65

る・ル

るす(留守) 179

れ・レ

れい(零) 179
*れいぞうこ(冷蔵庫) 65
れきし(歴史) 179
*レコード 100
*レストラン 100
れんらく(連絡) 180

わ・ワ

*ワイシャツ 100
*わかい(若い) 89
わかす(沸かす) 207
*わかもの(若者) 65
*わかる(分かる) 77
わかれる(別れる) 207
わく(沸く) 207
わけ(訳) 180
わすれもの(忘れ物) 180
*わすれる(忘れる) 77
*わたくし(私) 65
わたし(私) 180
*わたす(渡す) 77
*わたる(渡る) 77
わらう(笑う) 207
わりあい(割合) 180
*わるい(悪い) 89
われる(割れる) 207

문법
색인 *는 N5표기

~(さ)せてください 235
~(さ)せられる 235
~(さ)せる 235
~(よ)うとする 241
~(よ)うと思(おも)う 241
~(ら)れる 245
~か 233
~が 233
*~が/~けれども 106
~がする 234
~かどうか 234
~かもしれない 234
*~から 105
~がる 234
*~くなる 109
*~こ(個) 25
*~ことがある 107
*~ことができる 107
*~ことだ 107
~ことにしている 235
~ことにする 234
~ことになっている 235
~ことになる 235
~し 106
*~しゅうかん(~週間) 34
~すぎる 236
*~ずに 112
~そうだ 244
~そうだ 236
*~たい 104
*~だけ 112
*~たことがある 111
~たところだ 236
~たばかりだ 241
*~たほうがいい 111
~たまま 236
~ために 236
*~たら 112
*~たらどうですか 112
*~たり~たりする 112
~だろう 107

~た通(とお)り(に) 242
~た後(あと)で 111
~つづける 112
~つもりだ 237
~で 106
~てあげる 237
~てある 237
~ていく 237
~ていただく 242
*~ていただけませんか 111
~ている 109
~ているところだ 237
~ておく 238
*~てから 109
*~てください 110
*~てくださいませんか 110
~てくださる 242
~てくる 237
~てくれ 110
*~てくれませんか 111
~てくれる 238
~てさしあげる 242
~てしまう 238
*~てはいけません 110
~てほしい 243
~てみる 238
*~ても 110
*~てもいい 105
~てもらう 243
*~てもらえませんか 111
~てやる 242
*~と 105
*~とき 108
~ところだ 236
*~と思(おも)う 107
*~と言(い)う 107
~な 244
~ないで 244
*~ないでください 104
*~ないほうがいい 105
~ながら 245
~なくて 245
*~なくてもいい 105
~なくなる 245
*~なければならない 105

~なさい 238
~なら 238
*~に 106
~にくい 240
*~について 109
*~にとって 108
*~になる 109
*~になる 109
*~にん(~人) 48
*~に行(い)く/来(く)る 104
~のが 239
~のだ/んだ 239
~ので 239
~のに 239
~ば~ほど 241
~ばいい 241
~はずだ 240
~ばよかった 241
*~ひき(~匹) 52
*~ふん(~分) 55
~べきだ 244
~べきではない 244
*~ほん(~本) 57
*~まい(~枚) 57
*~ましょう 104
*~ません 104
*~ませんか 104
*~まで 108
*~までに 108
*~も 106
~やすい 240
~ようだ 240
~ように 243
~ようにしてください 243
~ようにする 239
~ようになる 240
~らしい 244
*~を 106
~間(あいだ)に 243
~方(かた) 234
~始(はじ)める 239
*~前(まえ)に 108
~終(お)わる 240

필수한자
색인 *는 N5표기

ㄱ
家 246
歌 246
*間 113
強 246
開 246
去 246
建 246
犬 246
*見 113
京 246
軽 246
界 247
計 247
*古 113
考 247
*高 113
工 247
*空 113
館 247
光 247
広 247
*校 113
教 247
*口 113
究 247
区 248
*九 113
*国 113
帰 248
近 248
*今 114
急 248
*気 114
起 248
*金 114

ㄴ
南 114
*男 114
*女 114

*年 114

ㄷ
*多 114
茶 248
短 248
答 248
堂 248
代 249
*大 114
待 249
貸 249
*道 115
都 249
図 249
度 249
*読 115
冬 250
動 249
同 249
*東 115
働 249
頭 250

ㄹ
*来 115
旅 250
力 250
料 250
*六 115
理 250
林 250
*立 115

ㅁ
*万 115
妹 250
*買 115
売 250
*毎 115
勉 251
名 116
明 251
*母 116
*木 116

*目 116
問 251
文 251
*聞 116
門 251
物 251
味 251
民 251

ㅂ
飯 251
*半 116
発 252
方 252
*白 116
*百 116
別 252
病 252
歩 252
服 252
*本 116
不 252
*父 117
*北 117
*分 117
体 252

ㅅ
事 252
仕 253
使 253
*四 117
思 253
死 253
*社 117
私 253
写 253
*山 117
産 253
*三 117
森 253
*上 117
色 253
*生 117
暑 254

*書	118	映	257	*前	121	村	263
*西	118	英	257	田	260	秋	263
夕	254	*五	119	*電	121	春	263
*先	118	*午	119	転	260	*出	122
説	254	屋	257	切	260	親	264
声	254	*外	120	*店	121	*七	122
洗	254	曜	257	正	260		
世	254	用	257	町	260	ㅌ	
*小	118	*友	120	弟	260	台	264
*少	118	*右	120	題	260	太	264
所	254	牛	257	早	260	*土	123
送	254	*雨	120	朝	261	通	264
*手	118	運	257	鳥	261	特	264
*水	118	元	257	族	261	*八	123
首	254	員	258	*足	121		
習	255	遠	258	終	261	ㅍ	
乗	255	院	258	*左	122	便	264
*時	118	*月	120	主	261	品	264
始	255	有	258	住	261	風	264
市	255	肉	258	注	261		
試	255	銀	258	走	261	ㅎ	
*食	118	音	258	*週	122	*下	123
*新	119	*飲	120	昼	261	*何	123
室	255	意	258	*中	122	夏	264
心	255	医	258	重	262	*学	123
*十	119	以	259	地	262	寒	265
		*耳	120	持	262	漢	265
ㅇ		*二	120	止	262	合	265
悪	255	人	120	池	262	海	265
楽	255	引	259	知	262	*行	123
安	256	*一	121	紙	262	験	265
顔	256	*日	121	進	262	県	265
暗	256	*入	121	真	262	兄	265
野	256			質	263	好	265
夜	256	ㅈ		集	263	*火	123
弱	256	姉	259			*花	123
薬	256	*子	121	ㅊ		*話	123
洋	256	字	259	借	263	画	265
*語	119	者	259	*車	122	回	266
*魚	119	自	259	着	263	*会	124
*言	119	作	259	菜	263	*後	124
業	256	場	259	*千	122	*休	124
*円	119	*長	121	*天	122	黒	266
*駅	119	低	259	*川	122		
研	257	赤	260	青	263		

MEMO

MEMO